16.80

Über dieses Buch »Wahrnehmung der Wirklichkeit und ihre Umwandlung in Phantasien kennt jeder aus Wünschen und Träumen, aber nur wenige prägen daraus Bücher und Bilder. Dieses Buch versucht, die spannenden Prozesse sinnfällig zugänglich zu machen in Gesprächen mit Personen, die *folgenreich* phantasieren, mit Künstlern, deren Kunst-Form, deren Arbeits-Material die Wörter selbst sind. Deshalb habe ich Schriftsteller, Menschen mit sätze-prägenden Phantasien zum Dialog gebeten, um gemeinsam zu ermitteln und auf erzählende Weise zu beantworten, was das Publikum nach Lesungen immer wieder fragt: Warum und wie schreiben Sie eigentlich?« (M. Curtius)

Die Autorin Mechthild Curtius wurde 1971 mit einer Arbeit über Elias Canetti promoviert, 1982 habilitierte sie sich mit einer Untersuchung der ›Erotischen Utopien bei Thomas Mann‹. Die Privatdozentin für Neuere deutsche Literaturwissenschaft lebt als Buch-, Funk- und Film-Autorin in Frankfurt am Main. Ihre Themen in Essays, Erzählungen, Romanen und Filmen sind: Landschaft, Kreativität, Literatur. 1988 erhielt sie den Drehbuchpreis des Kultusministeriums Nordrhein-Westfalen, 1988 das Stipendium des Deutschen Literaturfonds in Darmstadt, 1989 den Lichtenberg-Literaturpreis.

MECHTHILD CURTIUS

Autorengespräche

Verwandlung der Wirklichkeit

FISCHER TASCHENBUCH VERLAG

Die Gespräche wurden unterstützt durch die Aktionsgemeinschaft
zur Förderung wissenschaftlicher Projekte an der Universität-GH Siegen.
Sie wurden zum Teil vom Hessischen Rundfunk gesendet;
für die Buchausgabe wurden sie von den Gesprächspartnern durchgesehen.

Originalausgabe
Veröffentlicht im Fischer Taschenbuch Verlag GmbH,
Frankfurt am Main, Juli 1991

Fotos: Andreas Pohlmann, Frankfurt am Main
Umschlaggestaltung: Buchholz/Hinsch/Hensinger unter Verwendung
eines Gemäldes von Olaf Hauke, Steinheim
Gesamtherstellung: Clausen & Bosse, Leck
Printed in Germany
ISBN 3-596-10256-1

Inhalt

Vorbemerkung

Wahrnehmung der Wirklichkeit und ihre Umwandlung in Phantasien kennt jeder aus Wünschen und Träumen, aber nur wenige prägen daraus Bücher und Bilder. Der Werdegang der Werkprozesse literarischer Arbeit ist nicht so augenfällig wie die Herstellung eines Gegenstands auf der Werkbank. Weil diese Arbeitsvorgänge sich der Beobachtung weitgehend entziehen, ist ihre Darstellung kompliziert. Dunkel bleiben den meisten Lesern Analysen in wissenschaftlichem Jargon; viele interessieren sich jedoch dafür, wie Gedanken und Imaginationen entstehen. Dieses Buch versucht, die spannenden Prozesse sinnfällig zugänglich zu machen in Gesprächen mit Personen, die folgenreich phantasieren, mit Künstlern, deren Kunst-Form, deren Arbeits-Material die Wörter selbst sind. Deshalb habe ich Schriftsteller, Menschen mit sätze-prägenden Phantasien, zum Dialog gebeten, um gemeinsam zu ermitteln und auf erzählende, manchmal auch witzige Weise zu beantworten, was das Publikum nach Lesungen fragt: Warum und wie schreiben Sie eigentlich?

Sind die »zur Rede Gestellten« anfangs noch auf der Hut, so erwärmen sie sich im Gesprächsverlauf für die Thematik, sprechen in ihrer den Lesern vertrauten Sprache, von den jeweiligen Neigungen begleitet: Hermann Burger vom Hang zur grotesken Ironie, Julian Schutting von der Natursymbolik, Peter Kurzeck von akribischen Schilderungen winziger Wahrnehmungsschritte.

Es wäre gut, wenn es diesen Gesprächen gelänge, die »Weisen weiser zu machen«, aber vor allem – nach dem Motto des Hugo de Fouilloy aus dem 12. Jahrhundert: »plus laboro ut simplicibus placeam« – in einen Erkenntniskomplex, der alle angeht, »die Einfachen einzuweisen«.

1928 haben Magnus Hirschfelds Umfragen ›Zur Physiologie des dichterischen Schaffens‹ in Willy Haas' Zeitschrift ›Die literarische Welt‹ eine breitere Öffentlichkeit bewegt; die Namen der Befragten sind fast durchweg heute noch geläufig: unter ihnen waren Alfred Döblin, Lion Feuchtwanger, Ricarda Huch, Thomas Mann, Heinrich Mann, Robert Musil, Franz Werfel und Stefan Zweig. Mögen Magnus Hirschfelds Fragen uns heute auch naiv erscheinen, so hat sich doch erwiesen, wie wirksam derart praktisch-pragmatisches Fragen ist. Geht es doch um intime Dinge, die sich im Unbewußten als der »Arbeitsinstanz« von Kunst abspielen. Es gilt vorerst einmal, Vertrauen herzustellen, um mit dem Gesprächspartner im Wunsch nach Entdeckung auf *terra incognita* zu geraten.

Derartige *Fragekataloge* sind im deutschen Sprachraum selten; in Erinnerung sind Horst Bieneks ›Werkstattgespräche‹, mit 15 Interviews 1962 in München erschienen; ›Interviews mit Schriftstellern‹ mehrerer Autorengenerationen und Nationalitäten (darunter Bruno Apitz, Ingeborg Bachmann, Johannes Bobrowski, Friedrich Dürrenmatt, Pablo Neruda, Alan Sillitoe) gab 1982 Josef-Hermann Sauter in Leipzig und Weimar heraus. Freudsche Erkenntnisse über den »Dichter und das Phantasieren« oder auch Schriften über Kunst und Psychoanalyse, etwa von Otto Rank, Hanns Sachs, Ernst Kris, Robert Waelder, Paul Ehrenzweig und Frederick Wyatt, sind jüngeren Schriftstellern erstaunlicherweise kaum vertraut; die Phasenmodelle sind im Gespräch meist bestätigt, aber doch als neue Information aufgenommen worden.

»Das muß einen doch eigentlich interessieren, wie etwas gemacht ist«, sagt Julian Schutting aus Wien, geboren 1935, über die Technik des Gedichte-Machens, die er als Autor und Lehrer mit Schülern der technisch-mathematischen Disziplin im Deutschunterricht untersucht hat; Anna Rheinsberg in Marburg, Jahrgang 1956, überlegt, warum Germanistikdozenten Dichtungen interpretieren und sich so wenig fragen, wie sie zustandekommen und woher. Viele haben im Studium tatsächlich nie von der psychoanalytischen Entstehungsgeschichte des Phantasierens gehört; und auch in Zeiten und an Orten heftiger Marxismusdiskussionen blieb marxistische Schaffenspsychologie unerwähnt.

Wahrnehmungs- und Imaginationsprozesse haben mich seit der Schulzeit fasziniert; so geht es auch nicht wenigen Lesern, die nur eine gewisse Scheu hemmt. Nachdem ich die Phänomene seit dem Studium beobachtet und wissenschaftlich durch zwei Jahrzehnte verfolgt habe, möchte ich die Leser nunmehr Zeugen dieser Gespräche werden lassen. Als literarische Konsequenz der Theoriesuche erschien das Buch ›Theorien der künstlerischen Produktivität‹; es enthält Beiträge von Literaturwissenschaftlern und Psychoanalytikern aus Ost und West (Frankfurt am Main 1976). Neben der vorwiegend theoretischen Erforschung der einschlägigen Literatur mit zahlreichen Beispielen aus der erzählerischen Tradition von der Antike bis zur Gegenwart habe ich seit 1974 deutschsprachige Autoren schriftlich befragt, darunter Elias

Canetti, Peter Hacks, Uwe Johnson. 1984 begannen die Tonband-Gespräche anläßlich eines gemeinsamen Lesungs-Symposions in Graz mit Hermann Burger. Meine Absicht ist es, die in der Wissenschaft begonnenen Forschungsergebnisse über ihre Schwelle zu retten und den eigentlichen Schreib-Prozeß durch direktes Fragen und Antworten zu ermitteln, »detegere« – aufzudecken und damit das schwer faßbare Problem so sinnfällig wie möglich – und damit vielen zugänglich – zu vermitteln.

Für viele Aspekte wird auf zukünftig zu führende Gespräche verwiesen, z. B. mit sehr jungen Debütanten. Gemäß ihren Büchern und Standorten sind bisher dreißig Autoren zum Gespräch gebeten und dreizehn unter dem Gesichtspunkt ausgewählt worden, miteinander zu korrespondieren und sich zu einem Spektrum komponieren zu lassen. Die vorliegenden Gesprächstexte haben die Autoren für die Buchausgabe durchgesehen.

Jedes Gespräch beginnt mit einem Text aus einem Werk des Autors, entwickelt sich daraus in der Hoffnung, bei unverwechselbarer Individualität von Text und Autorenpersönlichkeit Aussagen zu erhalten, die zur Ermittlung einer gewissen Gesetzmäßigkeit notwendig sind. Ein Fragekatalog wiederholt sich darum inhaltsgemäß; dabei versuche ich, die jeweilige Sprach- und Vorstellungswelt mitzuvollziehen.

Die Autorengespräche sind als Begleitung zum Lesen gedacht. Vor dem jeweiligen Gespräch gelesen, vermittelt das Werk eines Autors von einem bestimmten Stadium an die Vision eines Lebensentwurfs, der filmartig vorbeizieht; dann bietet das Gespräch außer Bestätigung auch Überraschungen etwa darüber, woher die Einfälle kommen und was sie begleitet, und wie man ihnen, wenn sie sich einstellen, »auf die Sprünge helfen« kann. Um dabei Gesetzmäßigkeiten aufzuzeigen, bedarf es der Vielfalt: zwischen dem 1906 geborenen Wolfgang Koeppen und der 1956 geborenen Anna Rheinsberg liegt ein halbes Jahrhundert; sie sind allesamt Zeitzeugen. Da kommen neben dem poeta doctus Hermann Burger und der poeta docta Angelika Jakob die Dorfdichterinnen Anna Wimschneider und Maria Beig zu Wort. Es erscheinen hintereinander im Reigen der Gespräche der Baumeister vieler Romane, Wolfgang Koeppen, der schon früh anfing zu schreiben, und die Bäuerin Wimschneider, die sich erst als alte Frau hinsetzte und ein einziges Buch schrieb, über ihr Leben; mit der Erzählung von der schlafenden Katze, die die Autorin nicht aufstehen läßt, bekommt die Frage nach der Kontinuität der Schreibarbeit ein eigenes, heiteres Gesicht. Ganz anders die Dorf-Erzählerin Maria Beig, die ein Buch nach dem anderen erdichtet, und, nach Gelesenem gefragt, wie nebenbei erklärt, als Mädchen Robert Walsers Werke und die Josephromane Thomas Manns gelesen zu haben. Von Anna Wimschneider geht der Weg bis zur ›Benjamine‹ Anna Rheinsberg, die als Schulmädchen Gedichte und Zeitschriften zu machen begann. Erich Fried analysiert ein frühes Gedicht selbst als Echo auf Emigration und politischen Terror; der Wiener Psychoanalytiker Frederick Wyatt bezeugt gleiche Erfahrungen. Da es zur verallgemeinernden Theorie literarischer Arbeitsvorgänge beiträgt, wurde sein Gespräch als Nachwort gewählt. Adolf Muschg betont das Psychoanalytische; der Film- und Buch-Autor Nino Erné, ehemals Rom-Korrespondent des Zweiten Deutschen Fernsehens, spiegelt seine internationalen Erfahrungen und hat eine Neigung zum anschaulich-bildhaften Schildern, das Lesern diese die Gesetzmäßigkeit suchenden Gespräche besonders zugänglich macht; Hermann Burger gelingt es, im Arbeitsrausch »die Weltliteratur« abzuhängen, um die »Embryonen« der eigenen Sprache wachsen zu lassen, während Angelika Jakob, die »es« richtig weiß und macht, niemals den »gewöhnlichen« Leser aus den Augen verliert. Peter Kurzeck und Anna Rheinsberg sagen, sie *hörten* ihre Sätze, wenn sie sie schreiben, während andere »innere Bilder« *sehen*. Der eine meint, sich für die Dichtung schonen zu müssen, eher Beobachter zu sein, der andere sagt wie der Psychoanalytiker Frederick Wyatt, es sei gut, »sich den Wind um die eigene Nase wehen zu lassen«.

Übereinstimmende Äußerungen vermitteln eine gewisse Gesetzmäßigkeit: Alle Autoren bezeugen die Bedeutung des Erinnerns vor jedem Erfinden und Er-Dichten und die Bedeutung frühkindlicher Wahrnehmungen; es ist vielen eigen, nach Umzug in Großstädte oder Reisen in fremde Kontinente, »in das Gewesene heimzukehren« (Thomas Mann).

Verwandlung der Wirklichkeit kann mit einem »besonderen Blick« auf die Dinge beginnen, wie Kurzeck und Julian Schutting bezeugen, die beide darauf bestehen, nicht zu erfinden. Alle haben ihre produktivste Phase dicht nach dem Schlaf. Einige – von Bächler ist es bekannt – verwerten ihre Träume literarisch. Um die Nähe zum Unbewußten geht es gewiß, Übergänge von Wirklichkeit in Imagination vollziehen sich oft aus *tagträumerischer* Verfassung und an liegenden Gestalten, wie nach antikem Modell, wo sich der »vates«, der Seher und Dichter, in stillen *Räumen* zum Traum niedergelegt hat, damit die Götter Erkenntnisse schickten; Autoren sind »Schlaf-Wandler« in bergenden Mulden

und Tälern der Wirklichkeit, zwischen Rändern der Imagination, die aus dem Blick schlüpft.
In aller Unterschiedlichkeit sind die Kunstschaffenden ein kleines Spektrum, eine Miniatur-Gesellschaft, die nun einmal schreibt. Nur ein wenig dichter als üblich bevölkert von *Käuzen* und *Charakteren*.
Von ganzen im Innersten erdachten, jedoch ungeschriebenen Romanen sprechen einige Autoren. Mag sein, daß alle Menschen diese »Welt im Kopf« (Canetti) haben; vielleicht ist aber der Künstler derjenige, der in jahrelanger Übung Methoden der Disziplin und Geduld entwickelt hat, um die eigenen Imaginationen zuzulassen, und der sich das Rüstzeug angeeignet hat, Wörter, Bilder, Töne für ihre Realisation zu finden.

Mechthild Curtius

WOLFGANG KOEPPEN

»Von meinem Empfinden kann ein Schatten von Architektur auch in mein Schreiben springen«

1906 wurde er in Greifswald/Pommern geboren; die Stadt schildert er in seinem Buch ›Jugend‹ (1976). Mit sechzehn hat er zu schreiben begonnen, später Philosophie, Theater- und Literaturwissenschaft studiert; er ist Journalist und Schauspieler gewesen. Sein erster Roman ›Eine unglückliche Liebe‹ erschien 1934 in Berlin bei Bruno Cassirer, ein Jahr darauf auch der zweite, ›Die Mauer schwankt‹, 1935 im Exil in Holland geschrieben, 1939 unter dem Titel ›Die Pflicht‹ wiederaufgelegt, nach 1950 auf einem Flohmarkt wiedergefunden, 1983 neu herausgegeben. Ein weiterer Romanentwurf ist ihm in Holland verbrannt. Das Wort »Nachkriegstrilogie« ergab sich für die Romane der Folgezeit: ›Tauben im Gras‹ (1951), ›Das Treibhaus‹ (1953), ›Der Tod in Rom‹ (1954). Gegen Ansinnen, sie als politische Pamphlete zu lesen, verwahrt er sich: er habe Romane geschrieben. Er will als Außenseiter gesehen sein, »in keiner Mannschaft spielen, auch nicht im Hemisphärenfußball«.

Seine Romane, Häuser aus Satz und Wort, haben die architektonische Qualität des von ihm geachteten Balzac. Wolfgang Koeppen hat eine eigene Form von Reisedichtung gefunden: ›Nach Rußland und anderswohin‹ (1958), ›Amerikafahrt‹ (1959), ›Reisen nach Frankreich‹ (1961), ›New York‹ (1961). An den »Kollegen« interessiert ihn ihre Haltung gegenüber Erinnern und Verdichten: ›Die elenden Skribenten‹ (1981). Und daß sie Baumeister sind: »Proust war ein großer Dichter und ein großer Künstler: der erste Satz der vielen tausend Seiten stand zum letzten in der Verbindung des Grundsteins zur hohen Spitze eines Turms.«

Aus *Jugend*, 1976

»... ich fand nicht mehr den Garten Eden, nichts zog mich an, und auf dem Rückweg gegen Abend, Mücken hielten summend Ball über den verworfenen Tümpeln salziger Nässe, hörte meine Mutter es rascheln im verdorrten Gras, die Schlangen, erschrak sie, die tückischen Ottern des Rosentals, sie eilte fort, der Himmel finsterte über der Abdeckerei, Blitz und Donner drohten der Stadt, zogen gegen die berühmte Silhouette des romantischen Malers, da waren die spielenden Fohlen auf der Weide, die einsamen Männer, die traurig den Mond betrachten, die im Hafen ruhenden schlafenden Boote mit ihren Masten zu Afrikas Küsten in Knabenträumen, die Türme und Dächer von St. Nikolai, St. Jakobi und St. Marie drückten schwer die Gemeinde, glichen, aus rotem Backstein gegen den nie erreichten Himmel gebaut, Festungen tollkühner Planung, vergreist in Wüste, Wildnis und Sumpf, und in den Kirchen lagen verlassen die leeren Schiffe, gebetlose Hallen hinter verschlossenen Türen, der Gnade der Beichte und Lossprechung entzogen, lagen die ungeschmückten protestantischen Altäre, die Kanzeln schulmeisterlicher Prediger, der verlorene Aufstand begrabener Gewissen, während es in den Gassen ringsum behäbig nach Abendbrot roch, nach Spickaal, nach Bratkartoffel und Fisch, nach Speck und Kleiebrot, nach Buchweizengrütze und Klüttegrütt, nach bürgerlicher Bescheidung, tückischer Demut, familiärer Niedertracht in Furcht und Enge und blind in Dummheit, nach der verwelkenden Erinnerung an die armen Helden des Krieges, nach der konservierten schönen Leiche des Kaiserreichs, dem von hinten erdolchten pasewalker Kürassier im Köchinnenglanz der roten Biesen auf weißem Tuch, nach dem Mensurblut der Studenten über den stinkenden Schurz korporierten Mutes ins Sägemehl der Kneipen gelaufen, nach dem Blut der von tollwütiger Feme Erschlagenen, ins Torfmoor versenkt, zu den Hünengräbern getragen, nach Mädchenblut in versteckter Wäsche unter das Sofa der guten Stube gestopft, nach der Asepsis, dem Eiter, der Anatomie der Kliniken, dem Schweiß der Kranken, dem Entsetzen der Sterbenden, der Angst der Examinierten und der schuldig Unschuldigen im Gefängnis ausgeliefert den Wärtern, nach dem Wahn der Irren in der Heilanstalt hinter den Gleisen und nach den Witzen, die man über sie macht...«

MECHTHILD CURTIUS *Wolfgang Koeppen, im Vorwort zu ›Treibhaus‹ schreiben Sie, das Tagesgeschehen sei Ihnen nur »Katalysator für die Imagination«. Darum geht es mir: wie vollzieht sich die Verwandlung der Wirklichkeit, die Transformation? Die Frage möchte ich aus Ihrem Werk herausarbeiten, beginnen aber mit dem Lebenslauf: Zeit der Ausbildung und Emigration. Haben Sie Spannungen erlebt zwischen diesen Ereignissen und dem Schreiben, ganz abgesehen davon, daß Sie damals ganz andere Existenzsorgen hatten als ein Autor heute?*

WOLFGANG KOEPPEN Was Sie sagen, stimmt. Es war das Schreiben, das ich von früher Jugend auf anstrebte – meine ersten Artikel, ich glaube über den literarischen Expressionismus, habe ich mit sechzehn Jahren in einer Zeitung veröffentlicht. Aber später kam Verschiedenes, Studium, zum Teil unregelmäßiges Studium, dann war ich Dramaturg am Theater in Würzburg und Regieassistent, bekam aber keine Regie, das verstimmte mich, ich ging zu Piscator nach Berlin, war Mitglied des dramaturgischen Kollektivs, bekam auch hier keine Regie und lebte von Beiträgen zur Berliner Boulevardpresse und wurde dann von Herbert Ihering, dem sehr bekannten Theaterkritiker, an den ›Berliner Börsen-Courier‹ geholt, brachte es dort nach kurzer Zeit zum Redakteur des Feuilletons, tat allerlei bei dieser Zeitung, auch einiges, wozu ich nicht verpflichtet war; ich bin gern Journalist gewesen und spitzte mich darauf, Korrespondent des ›Berliner Börsen-Couriers‹ in Paris zu werden. Aber dann brach das Dritte Reich aus, und der ›Börsen-Courier‹ mußte sein Erscheinen einstellen. Von dem Moment an nannte ich mich und war ich »freier Schriftsteller«. Das war leichtsinnig. Als freier Schriftsteller schrieb ich meinen ersten Roman ›Eine unglückliche Liebe‹; er erschien noch bei dem schon verfemten jüdischen Verleger Bruno Cassirer in Berlin, einem sehr bedeutenden Verleger, nur eben jetzt ein »armer Jude« – er war nicht arm, er war Millionär. Und dann war mir das Dritte Reich so unbehaglich, daß ich, freiwillig, ohne einen Grund und ohne Lebensgefahr – ich möchte das betonen – nach Holland emigrierte, wo ich Freunde hatte, eine Zeitlang lebte, mit Klaus und Erika

Mann verkehrte, für das Kabarett ›Die Pfeffermühle‹ von Erika Mann Texte schrieb, meinen zweiten Roman ›Die Mauer schwankt‹ veröffentlichte, auf Anregung von Max Tau, des Lektors von Cassirer, der noch ein Buch von mir haben wollte, und ich hab' es ihm mit Bedenken gegeben. Dann war diese Möglichkeit hin: Cassirer mußte auch seine Arbeiten einstellen; ich saß in Holland wie in einer Falle und bin nach Deutschland zurückgekehrt; es ist mir nichts passiert, es hätte mir viel passieren können. Als der Krieg kam, stellte ich mich beim Film unter, es ging eine Zeit ganz gut; ich habe nie einen eigenen Stoff geliefert, auch nie eine Endbearbeitung eines Drehbuchs gemacht, ich blieb anonym und schrieb so, daß meine Bearbeitungen nicht verfilmt werden konnten; ich wollte nichts für diese Filmgesellschaft machen. Dann war der Krieg aus, ich war froh darüber – natürlich, es ist eine Banalität, das zu sagen –, und es ging mir wirtschaftlich sehr schlecht, zunächst. Da klopfte der Verleger Henry Goverts, den ich aus früherer Zeit kannte, plötzlich an meine Tür und fragte, ob ich nichts Neues hätte oder ob ich an etwas arbeitete. So kam mein erster Nachkriegsroman ›Tauben im Gras‹ zu ihm. Dann folgte ›Das Treibhaus‹, das viele Mißverständnisse und Aufregungen verursachte; es wurden Leitartikel über das Buch geschrieben: ich war der Meinung, einen Roman geschrieben zu haben, aber viele meinten, es sei ein politisches Pamphlet. Dann schrieb ich noch ›Der Tod in Rom‹ und einiges andere. Ich wechselte zu Suhrkamp, und dort bin ich nun dank Siegfried Unseld, wie ich glaube, am richtigen, noch möglichen Platz.

MC *Stimmt es, daß Ihnen in Berlin einmal ein Romanentwurf verbrannt ist?*

WK Nein, das war in Holland. Ich hatte dort einen Roman angefangen: ›Die Javanggesellschaft‹ heißt er; er spielte zum Teil in Holländisch-Indien. Da stand viel über die Zeit damals drin, und ich wagte ihn nicht mitzunehmen nach Deutschland. Ich ließ ihn bei Freunden, die später nach Amerika emigrierten; deren Großbibliothek wurde aber geplündert während der deutschen Zeit in Holland, und dieses Manuskript ist also verschwunden, vielleicht verbrannt, vielleicht irgendwie sonst verschwunden, ich weiß es nicht.

MC *Sie haben ja in einer Hinsicht reagiert wie Elias Canetti, der mir gesagt hat, daß er lange aus Protest gegen den Faschismus geschwiegen, sich versagt habe, erzählerisch zu arbeiten, und deshalb die Forschung über ›Masse und Macht‹ angefangen habe.*

WK Mit Canetti hatte ich ein sozusagen intimes Verhältnis in Holland: es gab eine Buchhandlung, die auch deutsche Bücher führte.

Eines Tages ging ich herum, und es fiel mir ein Buch auf: Canetti ›Die Blendung‹. Ich wußte nichts von Canetti, ich kaufte das Buch und war betroffen, was in Deutschland, in diesem Falle in Österreich, noch erschien an großer Literatur. Ich habe heute noch das Gefühl, daß ich Canetti damals geschädigt habe in Holland: denn ich habe das Buch gekauft – der Buchhändler hatte nur ein Exemplar –, und ich habe auf diese Weise Canettis Verbreitung in Den Haag ungewollt verhindert!

MC *Das war das Buch aus dem Reichner-Verlag; es kann nur das gewesen sein!*

WK Ja, ja, ganz recht.

MC *Sie nennen oft Namen Ihrer Zeitgenossen; Ernst Weiß hat am Ende eines Aufsatzes über das Schreiben bekannt: »Jetzt sitze ich und schreibe an einem Roman. Vielleicht ist es nicht viel; für mich ist es Alles.« Sie sagen einmal in einem Gespräch wie diesem zu Horst Bienek wortwörtlich: »Daß ich die Literatur für eine noch ernstere Sache halte als das Leben.«*

WK Ja. Das stimmt. Das ist eine Veranlagung, vielleicht von Geburt an, und hängt wohl damit zusammen, daß ich das Leben nie so ganz ernstgenommen habe. Aber die Literatur ja!

MC *Sie sagen auch, immer wenn Sie etwas sehen, selbst wenn es schlimm ist, bemerken Sie darin die lächerliche, groteske Komponente – wie bei Canetti mit der ›Blendung‹.*

WK Ja, ja, natürlich, der Autor Koeppen, damals in Holland, dreißig Jahre alt, fühlte sich diesem Buch des mir unbekannten Canetti irgendwie verwandt. Aber das hat bis heute zu keiner Begegnung geführt!

MC *Das kann ja noch kommen. – Was halten Sie vom Verhältnis zu anderen Dichtern? Sie schreiben, zusammengefaßt im Buch ›Die elenden Skribenten‹, über viele Autoren: über Robert Walser, Marcel Proust, Döblin, die Droste.*

WK Robert Walser, den ich sehr verehre und der auch ein ziemlich trauriges Literatenleben geführt hat, das er dann, wie ich vermute, ganz bewußt in diese letzte Wohnung, die Irrenanstalt, verlegt hat –

MC *Und Proust? Durch ihn komme ich auf Ihre Romantheorie: Nicht umsonst ist der Held eines Ihrer Romane ein Baumeister. Sie vergleichen manchmal das Romanschreiben mit dem Architektonischen, mit dem Bauen.* (Ja!) *Balzac kommt bei Ihnen vor.* (Ja!) *Sie beherrschen dieses Bauen. Wie machen Sie das, was haben Sie für Bauprinzipien? Entwerfen Sie wie ein Baumeister?*

WK Nein! Nein, ich habe gar keine Prinzipien, und ich entwerfe nichts, plane im Grunde nichts, mache keinen Aufriß. Ich habe eine gewisse Liebe zur Architektur. Natürlich kann von meinem Empfinden ein Schatten von Architektur auch in mein Schreiben springen; aber das ist nicht sehr bewußt.

MC *Sie können einen Roman bauen, aber Sie machen das nicht wie Thomas Mann nach langen Notizen, Recherchen und so weiter?*

WK Nein, nein, nein! Aber mein verehrter Arno Schmidt: sein Zettelkasten war mir immer unverständlich, seine Vorarbeiten, nach denen er sich gerichtet und dann doch herrliche Bücher geschrieben hat! Nein, ich habe nie so etwas; entweder versuche ich mich vor dem Schreiben zu drücken, oder aber nach langer Zeit setze ich mich eben hin und schreibe das Buch ohne Notizen und Anhaltspunkte. ›Tod in Rom‹: ich war damals acht Tage in Rom, nicht wegen des Romans, aber der Roman fiel mir dort ein. Acht Tage danach habe ich in München angefangen, ihn zu schreiben. Das ist die Ausnahme. Sonst kommt es oft vor, daß ich lange mit einem Stoff herumgehe, ihn überdenke, phantasiere, aber niemals Skizzen mache.

MC *Sie haben doch auch für die ›Literarische Welt‹ geschrieben oder wenigstens davon, daß Sie Kontakt zu ihr hatten?*

WK Nein, zur ›Literarischen Welt‹ nicht; ich hatte einen Kontakt zu Willy Haas, der aber ganz privat über ein Mädchen ging.

MC *Aber Sie kennen diese alten Hirschfeld-Umfragen? Sie erschienen 1928 in der ›Literarischen Welt‹. Hirschfeld hat da etwas Ähnliches gemacht wie wir beide jetzt, nur in Kurzfassung, und hat Robert Musil, Alfred Döblin, die Brüder Mann und viele Literaten, die wir heute noch kennen, befragt.*

WK Meinen Sie Hirschfeld von dem Institut für Sexualkunde?

MC *Magnus Hirschfeld, ja; heute ist er nur noch als der Sexualforscher bekannt.*

WK Ja, ja, ja! Sicher habe ich die gesehen; denn ich habe die ›Literarische Welt‹ von der ersten Nummer an gelesen.

MC *Ich möchte Ihnen eine andere Art von Fragen stellen, Fragen nach der Arbeitsorganisation und -technik: Schreiben Sie jeden Tag oder legen Sie Pausen ein? Haben Sie bestimmte Arbeitsstunden?*

WK Ich habe die Vorstellung, daß man jeden Tag schreiben muß, und meine Romane, die bis heute erschienen sind, habe ich diszipliniert geschrieben, möchte ich sagen. Wenn ich angefangen habe zu schreiben, habe ich mich jeden Tag, und ich bin ein Morgenmensch, schon um acht Uhr früh, oder manchmal schon um sieben Uhr früh, hingesetzt und bis Mittag an dem Roman gearbeitet. Dann hatte ich, um zwölf

Uhr so ungefähr, das Gefühl, ich hätte das Meinige für den Tag getan, und versuchte zu leben. Das ist mir verlorengegangen; ich war damals fähig, ich habe schnell geschrieben, ich habe manchmal bis zu 15 Schreibmaschinenseiten am Tag zustandegebracht. Das kann ich heute nicht mehr.

MC *Haben Sie gleich in die Maschine geschrieben oder erst mit der Hand?*

WK Gleich in die Schreibmaschine.

MC *Schon damals?*

WK Schon damals! Schreibmaschine schreibe ich schon seit meiner Schulzeit; denn meine Handschrift wurde dauernd gerügt von den Lehrern, weil sie sie nicht lesen konnten, und da habe ich ihnen allen einen Streich gespielt, indem ich mir eine alte Schreibmaschine besorgte für meine Aufsätze und so – das hat zunächst großen Ärger gegeben, und da hab' ich gesagt, gut, dann schreibe ich wieder mit der Hand, und zwar so unleserlich, daß sie nichts damit anfangen konnten. Darauf bin ich zur Maschine zurückgekehrt.

MC *Haben Sie später auch Tonbänder oder irgend etwas Technisches benutzt?*

WK Nein. Ich habe immer wieder versucht, aber sobald mir ein Mikrophon vors Gesicht gehalten wird, verstumme ich. Da fällt mir nichts mehr ein.

MC *Sie haben, als Sie an den Romanen arbeiteten, manchmal bis zu 15 Seiten am Tag geschrieben; haben Sie dann alles korrigiert oder noch einmal geschrieben?*

WK Nein, ja. Ich habe selbstverständlich korrigiert und auch hin und wieder mal eine Seite neu geschrieben.

MC *Aber nicht das Ganze noch einmal?*

WK Nicht das Ganze noch einmal, absolut nicht! Nein. Ich war der Überzeugung, der, glaube ich, auch Thomas Mann war. Er hat einmal gesagt, es sei nötig, eine feste Arbeitszeit – er war auch ein Morgenmensch – (Ja!) – zu haben; man müsse sich zu einem vorgenommenen Termin, etwa um acht Uhr morgens, an den Tisch setzen – er schrieb mit der Hand –, und selbst wenn einem nichts einfiele, oder wenn man keine Lust hätte, müsse man die Stunden absitzen vor dem weißen Papier, an diesem Tisch, sonst gäbe es einen Bruch, das Buch ginge nie weiter und würde sich endlos verzögern. Und das stimmt. Das ist durchaus richtig: »Ach, ich habe heute keine Lust, nein, ich will nicht, ich gehe ins Café« oder sonst etwas; das sagt man dann allmählich jeden Morgen!

MC *Ihr Unbewußtes hat also eine ordnende Kraft, wie bei Balzac, so daß Sie sich ohne Plan ans Schreiben begeben können und unmittelbar ein – vielleicht in der Arbeitsinstanz des Unbewußten vorformulierter – Roman entsteht? Romane sind Bauwerke, das heißt, es sind architektonische, ›dreidimensionale‹ Gebilde; Ihre Romane – wie die von Balzac – verdienen diesen Titel. Viele Kollegen sagen, daß sie sich Pläne machen, riesengroße Listen oder umfangreiche Hefte in vielen Farben – die irrsten Modelle gibt es da! Sie setzen sich hin –*

WK Ich setze mich hin und schreibe! Zum Teil aus einer Stütze der Erinnerung, die aber sehr verformt wird. Ja.

MC *Sie sprachen von Arno Schmidt und ›Zettels Traum‹: Machen Sie überhaupt irgendwelche Vorarbeiten quasi wissenschaftlicher Art mit Zettelkästen, Entwürfen, Recherchen?*

WK Überhaupt nicht! – Recherchen, ja, Recherchen: Ich war für ›Treibhaus‹ fünf oder sechs Tage in Bonn, das ich nicht kannte. Naja, ich hatte einige Empfehlungen von Goverts, die hab' ich aber nicht wahrgenommen, ich wollte gar niemanden sprechen, es genügte mir, dazusein. Dann habe ich aber doch – sehr naiv, muß ich sagen – den damaligen Minister Erhard besucht, an den ich auch eine Empfehlung hatte; mein eigentlicher Grund war, ihn zu sehen in seinem Zimmer, arbeiten zu sehen, reden zu hören. Er hat mich sehr sehr freundlich empfangen, und ich sagte ihm: »Ich brauche ein Auto.« Darauf ist er zu meiner Überraschung eingegangen und hat mir für zwei Tage einen Wagen mit Chauffeur gegeben. Nachher wird er sich, als er mein Buch gelesen hat, wahrscheinlich geärgert haben, daß er es getan hat; aber es war außerordentlich freundlich von ihm!

MC *Reisen in der Zeit zwischen zwei Büchern machen Sie ja; aber als man sagte, Sie schrieben Reisebücher, haben Sie geantwortet, Reisen seien für Sie »Umwege zum Roman«, Kulissenbeschreibungen – das haben Sie auch Horst Bienek gesagt.*

WK Ja, das hoffte ich damals. Zum Teil stimmt es auch. Aber nicht ganz! Es sind Ausreden vor dem Roman. Ja!

MC *Eine Doppelstrategie!*

WK Ja! Ja.

MC *Und frühe Reisen? Palladio interessiert Sie ja zum Beispiel. Haben Sie die Reise nach Italien gemacht, bevor Sie ›Die Mauer schwankt‹ schrieben?*

WK Ja, ja, ich war in Vicenza und Venedig. Ich habe mir im Jahr '84, auf einer Italienreise, sehr eifrig Palladio angesehen in seinen Werken. Palladio ist ein starker Baumeister; ich habe ja bei einem Baumeister einen Teil meiner Jugend verbracht, und der hatte Werke über Palladio, die mich damals schon interessiert haben. Aber vor allem, den stärksten künstlerischen, philosophischen – existentiellen Eindruck möchte ich sagen, hat mir Piranesi gemacht, besonders die ›Carceri‹, ›Die imaginären Gefängnisse‹; mein Onkel hatte alle 18 Radierungen; sie sind unter sehr traurigen Umständen in Rheinfeld in Holstein zerstört worden. Aber Palladio – als der ›Börsen-Courier‹ zumachte, bekam ich noch etwas Geld und bin nach Italien gefahren, von Berlin durchgefahren bis Agrigent auf Sizilien, und da war nicht, wie ich dachte, ein schönes griechisches Sommerklima, sondern es schneite; es war so kalt, daß ich mir eine starke Erkältung holte, von Agrigent nach Palermo fuhr, um in ein geheiztes Hotel zu kommen; das gab es in ganz Agrigent nicht. Und dann war ich in Taormina. Ich hatte Bruno Cassirer versprochen, daß ich mit einem Roman zurückkommen würde von dieser Reise: ich kam nicht mit einem Roman zurück; ich war dann noch in Venedig; Rom hab' ich nicht besucht auf dieser Reise. Ich habe im Sommer '34 in Berlin den Roman ›Eine unglückliche Liebe‹ geschrieben, er kam noch im Herbst bei Cassirer heraus, von der Presse nicht beachtet. Das galt zunächst gar nicht mir, das galt dem jüdischen Verlag Cassirer: von allen Provinzzeitungen und »gleichgeschalteten« Zeitungen wurden Werke aus einem jüdischen Verlag nicht mehr rezensiert, nicht mehr besprochen; nur noch von der ›Frankfurter Zeitung‹ und vom ›Berliner Tageblatt‹, das noch erschien damals, von der ›Kölnischen Zeitung‹ und von einigen anderen; und da hatte ich sehr gute Rezensionen. Als ich bereits in Holland war, las ich eine Besprechung, die in der ›Berliner Börsenzeitung‹ erschienen war – nicht zu verwechseln mit dem ›Börsen-Courier‹ –, und diese Rezension freute mich eigentlich; denn da stand drin, jetzt haben wir Leute wie Heinrich Mann, Thomas Mann, Döblin und so weiter aus dem Lande gejagt, da kommt ein junger Mensch und versucht, in dieser Weise weiterzuarbeiten. Und zum Schluß stand der schöne Satz: »Da kann man nur eines wünschen: Arbeitslager!« Aber das las ich ja in Holland; insofern konnte ich darüber lachen!

MC *Als wir unser Gespräch begannen, haben wir beide ein Glas getrunken. Ich wollte einfach fragen, wie Hirschfeld, ob Sie zum Schreiben stimulierende Mittel nehmen: Wein, Tee, Kaffee, Rauchen und so weiter.*

WK Nein. Rauchen tu ich überhaupt nicht. Wein ja, aber nicht beim Schreiben, nein. Ich trinke abends mal eine Flasche Wein; früher, wenn ich sie mir leisten konnte – heute kann ich sie mir leisten. Allerdings, neuerdings – ich bin irgendwie krank und manchmal von tiefen Depressionen befallen –, wenn ich mich morgens an die Arbeit setze, dann trinke ich vielleicht mal ein kleines Glas Whisky. Aber nicht fortlaufend ein Glas nach dem anderen, sondern dieses eine Glas als eine Art Medizin.

MC *Sagen Sie, wie viele Kollegen, ein Glas Wein sei fein, »zwei Glas Wein, das laß sein«?*

WK Ah ja, ich kann nicht sagen, daß ich als Schreiber ein Alkoholiker bin.

MC *Sie haben einmal in einem Gespräch geäußert, daß Sie nachts schlecht schlafen, und dazu kommen Depressionen. Jeder, der schreibt, spricht davon. Wie kommt das eigentlich, Wolfgang Koeppen? Gehört das wirklich dazu?*

WK Ja, ich will es auch nicht glauben. Aber es ist so. Ich weiß nicht, womit das zusammenhängt. Es wirkt sich viel weiter im Leben aus und hängt nicht unbedingt mit dem Schreiben zusammen. Morgens anzufangen – da gibt es manchmal eine Art Schreibhemmung, daß man sich sagt: »Ach Gott, wozu?« Und dann eben dieses Glas Whisky, das aber nicht größer ist als, sagen wir, in einem Restaurant ein doppelter Whisky, und das ist wenig.

MC *Gibt es bei Ihnen darüber hinaus vorbereitende und begleitende Rituale? Morgens, außer dem Glas Whisky? Muß da eine bestimmte Anordnung am Schreibtisch sein, müssen gewisse Dinge zuvor getan werden – eben Rituale?*

WK Nein. Ich glaube, eigentlich nicht. Ich muß einen Raum für mich haben. Ich hätte nie tun können, was bei Erich Kästner Gewohnheit war: Wo er sich hinsetzte, in einer Kneipe, in irgendeinem Café, in einer Wartehalle auf dem Bahnhof – wo er sich auch hinsetzte, konnte er den Satz fortführen, bei dem er aufgehört hatte, und weiterschreiben. Das hab' ich sehr bewundert. Ich kann das nicht. Und Versuche, aus einer Erschöpfung heraus zu diktieren, sind auch mißlungen.

MC *Gibt es zwischen der ersten Zeit Ihres Schreibens und der gewachsenen Erfahrung Unterschiede? Haben Sie feststellen können, daß Ihr Verhältnis zum Schreiben anders geworden ist, daß es leichter wird, oder aber, daß es schwieriger geworden ist?*

WK Eher noch schwieriger. Damals – ich habe ja verhältnismäßig früh geschrieben – da glaubte man an das, was man schrieb, und setzte Hoffnungen auf ein Buch, war überzeugt, daß es gelingen würde. Das ist heute nicht mehr so. Die Zweifel am eigenen Tun haben sich verstärkt.

MC *Der sogenannte Erfolg hat sich also nicht negativ ausgewirkt?*

WK Gar nicht. Gar nicht. Was heißt Erfolg? Dazu möchte ich sagen: Als mir vor fünf, sechs Jahren Marcel Reich-Ranicki die ›Frankfurter Allgemeine‹ geöffnet hat zur Mitarbeit, hat mich das so gefreut, daß ich am Anfang auch ein sehr zuverlässiger Mitarbeiter für ihn war. Ich bin es heute zu seinem Ärger nicht mehr. Ich weiß nicht, woran das liegt: Ich bin da etwas unzuverlässig. Zu meinem eigenen Ärger: Manchmal mag ich nicht mehr!

MC *Haben Sie jemals Tagebuch geschrieben?*

WK Nein! Nie! Es gibt Versuche, die nicht über ein halbes Schreibheft hinwegführen.

MC *Ich will darauf hinaus: Gibt es für Ihre Romane, Ihre Prosa, das, was nachher gedruckt erscheint, irgendwelche Vorstudien, Aufzeichnungen, Notizen?*

WK Überhaupt nicht!

MC *Das Buch ist also die erste Fassung bzw. deren Bearbeitung?*

WK Das Buch ist die erste und die letzte Fassung!

MC *Dann muß Ihr Unbewußtes ungeheuer diszipliniert ordnen! Denn was Sie zustandebringen, ist stilistisch und architektonisch gut gebaut. – Um einmal sozusagen einen früheren Nachbarn zu bemühen, Thomas Mann – er wohnte ja hier in der Nähe: Er hat für sich gelegentlich gefordert, es sei »das Recht des Dichters, die Wirklichkeit zu benutzen«. Sie selber sagen öfters Ähnliches, nehmen für sich in Anspruch, das Tagesgeschehen »als Katalysator für die Imagination« zu verwenden, haben Goethe als Motto vor Ihrem ›Jugend‹-Buch zitiert: »Das Gedichtete behauptet sein Recht, wie das Geschehene.«*

WK Das paßt ja auch. Schauen Sie, hauptsächlich neige ich zur Einsamkeit. Ich bin absolut kein Massenmensch, obwohl ich wiederum kommunistisch-sozialistische Sympathien gehabt habe und zum Teil noch habe. Ich mag die Masse eigentlich nicht. Ich bin aber ein Beobachter, ich bin etwas, was Poe und was Baudelaire als »Mann in der Menge« beschrieben haben. Ich gehe gern durch fremde Städte, habe sogar viel Anregung von einer Stadt in einem Land, dessen Sprache ich nicht kenne, wo ich mich nicht unterhalten kann mit jemandem. Es ist vorgekommen, in Amerika ein paarmal, daß, wenn mich irgend jemand interessierte, so vom Sehen, ich hinter ihm hergegangen bin stundenlang und ihn beobachtet habe. Der Eindruck von ihm hat sich dann festgeprägt, er war dann gefangen bei mir, obwohl ich nichts Sensationelles beobachtet habe; ich hab' den Mann ja nicht bei einem Verbrechen erwischt.

MC *Obwohl das Crimen bei Ihnen relativ oft vorkommt!*

WK Auch, ja, ja! Ich möchte sogar mal einen richtigen Krimi schreiben; ich weiß nicht, warum ich's nicht tue.

MC *Ich habe eine ganze Reihe von Kriminalgeschichten geschrieben, das Kriminalistische aber als Zwangsläufigkeit, die sich aus einer riskanten Art zu existieren in das Kriminelle fortsetzen kann, nicht muß. – Ich merke aus vielen Äußerungen, daß bei Ihnen die Imagination direkt in der Beobachtung anfängt. Ich stelle diese Fragen auf die Gefahr hin, die »Legende vom Dichter« zu erfahren, die er mir selbst erzählt. Wirklichkeit – was ist Wirklichkeit, und wozu dient ihre Verdoppelung?*

WK Eben. Ja.

MC *Darum dieses Buch, Herr Koeppen. Ich meine, es sei ein Detegere wie im Kriminalistischen, diese Prozesse des Unbewußten aufzudekken, die anfangen in der Art zu beobachten.*

WK Ja ja! Ich war mal sehr verblüfft. Ich sah ein Fernsehinterview, das ein Journalist mit Ernst Jünger führte. Der Reporter war schlecht und hatte keine Ahnung von Literatur. Da, wo sich Jünger der Literatur näherte, schließlich in ihr war und etwas fabulierte – das Interview hätte gut werden können –, da unterbrach er ihn mit dieser dummen Forderung: »Nun aber konkret, Herr Jünger!«

MC *Wissenschaftler haben Versuche einer Systematisierung gemacht; sie haben ja ihre eigene Form von schöpferischem Prozeß: Erkenntnisinteresse ist ebenfalls eine Besessenheit, und die Personen, die diesen Prozeß erforschen, kennen ihn auch introspektiv; ich habe mich darüber gerade mit einem Psychoanalytiker unterhalten, der Freud noch selbst gekannt hat: Frederick Wyatt. Auf den Spuren von Hanns Sachs, dessen Schüler er war, untersucht er dichterische Prozesse. In einem Gespräch wie diesem haben wir uns über die Problematik der Phaseneinteilung unterhalten: Wir müssen zunächst eine gewisse Systematik finden, die wir dann durchbrechen. Immer wieder kommen die vier Phasen der Arbeit des Unbewußten vor: 1. Präparation oder Vorbereitung, 2. Inkubation oder Heranreifen – dafür haben Sie ein Beispiel genannt, 3. Inspiration oder »Erleuchtung«, 4. Verifikation, die Überarbeitung oder Kontrolle. Was würden Sie dazu sagen?*

WK Gar nichts. Das muß jeder machen, wie es ihm liegt. Selbstverständlich lese ich Korrekturfahnen, versuche aber, mich auf Druckfehler zu beschränken. Hin und wieder kommt es vor, daß ich einen Satz stilistisch etwas ändern möchte.

MC *Sie haben einmal über Oscar Wilde geschrieben und zitieren:*

»Der Applaus gilt dem riskierten Hals.« Und über Thomas Manns Aschenbach machen Sie sich gelegentlich lustig, indem Sie sagen: »Der ›Tod in Venedig‹ sollte eine Höllenfahrt werden; es blieb dann beim Fegefeuer.« Thomas Mann ist für mich das eine Extrem: jemand, der »windstill« lebt, oder Hermann Lenz, inzwischen auch ein Münchner Kollege, der dazu steht, zurückgezogen zu leben und eigentlich Fährnissen aus dem Wege zu gehen. Baudelaire und Rimbaud sind das andere Extrem, Dichter, die das ekstatische, »wilde« Leben im Interesse der Dichtung fordern.

WK Bei Thomas Mann würde ich es nicht ganz so sehen wie Sie es, meiner Meinung nach zutreffend, von Lenz sagen. Thomas Mann hatte ja ein reges gesellschaftliches Leben, auf das er auch großen Wert legte, das dann aber in Unordnung geriet durchs Dritte Reich.

MC *Ich möchte darauf hinweisen – es sind ja nur Beispiele –, daß es Schriftsteller gibt, die sagen, man müsse exzessiv leben; andere haben das nicht nötig. Wie Thomas Mann. Was hat er nicht alles in der Phantasie sich abspielen lassen, und die schönste Frauengestalt in der Literatur unseres Jahrhunderts verdanken wir ihm: Mut-em-Enet. In der Imagination eines Schriftstellers entstanden, der sagt: ich erfinde nicht, ich habe keine Phantasie, ich finde nur!*

WK Auf viele solcher Aussagen oder Thesen kann sich ein Schriftsteller schon stützen; aber so ganz einfach ist das nicht.

MC *Thomas Mann ist darin ganz schön durchtrieben gewesen –*

WK Natürlich war er durchtrieben!

MC *Er hat gewußt, wie man mit Germanisten und Kritikern umgeht.*

WK Ja! Ja!

MC *Indem er diese großen Pakete gemacht hat. Kein Fitzelchen seiner Vorarbeiten hat er verlorengehen lassen, Ölpapier drum, beschriftet »Materialien zu den Josephsromanen« – dann aber so tun, als würde er den Transformationsprozeß verschleiern!*

WK Bis zu seinem Tode auch war er beschäftigt, an dem Denkmal Thomas Mann zu bauen. Zuerst, als ich den ersten großen Band seines Tagebuchs las, dachte ich, wenn schon, zum Beispiel, wenn er da schreibt: »Heute morgen eine Rasur, der Tee kam zu spät« oder so etwas. Aber am Ende: Dieses Tagebuch ist ganz groß! Wie er hingeht in die Kleinlichkeiten seines Tages und beschreibt, was eben dieser Tagebuchheld Thomas Mann täglich getan hat, das ist schon beeindruckend.

MC *Ich sehe das so, daß Thomas Mann mehr als fast jeder andere*

Schriftsteller – der mir jetzt einfällt – erreicht hat, was Canetti wollte: »Tod-Feind« sein, den Tod vernichten! Thomas Mann hat sich in jeder Phase seines Lebens selbst erfaßt: erst einmal in den großen Werken, dann in vielen Briefen, in seinen Essays, und den letzten Rest des Alltags – ich sage immer »Hut, Hund und Hausapotheke« – in seinen Tagebüchern. Er ist ein Mensch, der rundum nicht gestorben ist! Wie im Alten Ägypten hat er eine Mumifizierung fertiggebracht!

WK Ja! Da könnte man eine große Nachahmung zu den alten Pharaonen finden, die sich für den Tod das Haus bauten, mit einer wahnsinnigen Todesfurcht, und dem Volk einreden wollten, sie seien nicht gestorben, sie lebten in diesen Pyramiden weiter.

ANNA WIMSCHNEIDER

»Einfach g'sitzt und g'schrieb'n«

Den Roman ›Herbstmilch‹ wünscht sich die Frau von ihrem Mann, er bringt ihr Weißherbst; zu dumm zum Milchholen, schimpft sie. – Wenn es schon Witze über eine Person gebe, so sei sie berühmt, heißt es. Anna Wimschneider ist in diese Welt vorläufiger Unsterblichkeit eingegangen. 1984 erschien ihr Buch ›Herbstmilch. Lebenserinnerungen einer Bäuerin‹. Nach dem Gespräch am 14. Juli 1988 mit Anna Wimschneider aus Pfarrkirchen/Niederbayern sprach Albert Wimschneider von vierhundertfünfzigtausend verkauften Büchern. Im Januar 1989 kam der Film nach dem Buch in deutsche Kinos, lief dort monatelang, auch in Österreich und in der Schweiz. Nach Verlagsauskunft sind im Oktober 1989 eineindrittel Millionen Taschenbücher und vierhunderttausend Hardcover-Bände verkauft, dazu fünfzigtausend der Bildausgabe. Immer noch auf der Bestenliste steht das Taschenbuch. (Platz 1 im März 1990)

Von »Verwandlung der Wirklichkeit« zu reden wäre im Falle der Bäuerin Anna Wimschneider, 1919 in Pfarrkirchen geboren, unsinnig. Berichtet sie doch von einer Wirklichkeit, die kaum einer, der in ihr lebt, aufschreibt. Ihre Welt ist »vorliterarisch«. Vielleicht ist gerade das Erzählen von der Entstehung ihres Buches aus einer im Schulheft aufgeschriebenen Geschichte Fiktion; Mythen von lebendigen Gestalten des eigenen Kopfes sind ihr fern, Fiktionsfiguren, die am Schreibtisch lehnen und im Arbeitszimmer lauern, gehören nicht zu ihr. Am Küchentisch wird geschrieben, und die Zeit dafür wird von der Familie bestimmt, die Versorgung erwartet, und von der Katze, die auf dem warmen Schoß der Sütterlinbuchstaben malenden Frau schläft.

Was jeder andere Autor bestreitet, ist ihr Stolz: ihr Buch sei eine »Geschichte, die das Leben schrieb«. Und doch fehlt jede Spur von Peinlichkeit, die, nach Freud, entstehe, wenn die Umwandlung der Wirklichkeit kraft Erfindung fehle. Dazu ist die Wirklichkeit zu bitter, das Erzählen zu lakonisch. Aber woher kommt diese kommentarlose, reflexionsfreie, niemals erklärende, nicht einmal begründende archaische Erzählhaltung? Angesichts der Kinderarbeit eines kleinen Mädchens, das beim Tod der Mutter acht Jahre alt ist und die acht Geschwister wie eine Mutter großziehen muß, weil es für eine Magd nicht reicht, von morgens vier Uhr bis Mitternacht melken, kochen, putzen, flicken, waschen und bei Nacht noch nähen muß, vergeht den Lesern alle Dorfidylle. Weiter geht das Schwerarbeitsleben, als sie den Mann Albert kennenlernt und in einen Hof einheiratet, in dem sie wieder lauter Hilflose vorfindet, diesmal vier lendenlahme Greise; das brandige Fleisch schneidet sie vom Bein, weil der Arzt den Gestank nicht aushält. Schrecken kann sie nichts mehr. Das ist nüchtern erzählt, tränenlos. Ihre Lesungen sind Erzählstunden, erläutert sie; das Buch habe sie selbst nie durchgelesen. Je vertrauter Frau Wimschneider Themen des Gesprächs werden, desto mehr mischt sich in das Hochdeutsch die Dialektsprache, in der sie zu Hause ist.

Aus *Herbstmilch*, 1984

»Es kam die Ernte, und die meiste Arbeit war da die Feldarbeit, und jeder hatte es satt, immer wieder zu helfen. Da dachte der Vater, ich muß mir selber helfen. Es blieb ihm nichts anderes übrig, als die Kinder arbeiten zu lassen.
Der älteste war der Franz, noch nicht dreizehn Jahre, dem hat die Nachbarin das Melken gelernt, der zweitälteste war der Michl, elf Jahre, der mußte den Stall misten. Eine andere Nachbarin kam, um mir das Kochen und Flicken zu lernen, und wie ich mit den kleinen Kindern umgehen muß. Ich war acht Jahre.
[...]
Bei der Arbeit mußte ich einen Schemel mittragen, weil ich so klein war, daß ich in keinen Topf gucken konnte. Auf den Herd schauen, Schemel hin, einheizen, Schemel weg, zur Anrichte, Schemel hin, wie oft ging das während des Kochens! Wenn es beim Fleischbraten aus dem Rohr geraucht hat, konnte ich nachschauen. Bei Rohrnudeln dagegen ging das nicht, die sind dann zusammengefallen, und wenn sie auf den Tisch kamen, war wieder eine Watschn fällig.«

MECHTHILD CURTIUS *Frau Wimschneider, haben Sie das alles wirklich erlebt?*

ANNA WIMSCHNEIDER Das hab' ich ganz selbst erlebt! Es war ja noch viel schlimmer, weil ich zur Schule auch geh'n sollte und manchmal nicht kam. Der Pfarrer hat immer gesagt: Du mußt kommen! Und der Lehrer hat immer gesagt: Du hast ja keine Mutter; du kannst nicht jeden Tag so pinktlich kommen wie die anderen Kinder! – Der Lehrer hat mit mir Mitleid gehabt. Ich bin bloß fimfundeinhalbes Jahr zur Schule gegangen, und ich mußte dann kochen. Aber ich war noch so klein, daß ich einen Schemel gebraucht habe; den hat mir extra der Vater vom Schreiner machen lassen, und den hat er zum Ofen gestellt und hat g'sagt: So, Dirndl, jetzt steigst drauf! Schaust amal rum um die ganze Kich, obs du dees nit alles überschauen kannst. Da sag' ich: Überschauen kann ich das schon, aber deswegen kann ich nicht kochen! – Das mußt du lernen, hat Vater gesagt. Und da kam eine Nachbarin, die Meiredermutter, und die hat dann g'sagt: So Deandl, fang ma an, du schaust mir zua, i lern dir's Kochen! Was das für eine Arbeit war: das Stühlchen stand vorm Ofentürl, und dann mußt' ich das – bei jedesmal Einheizen mußt' ich das Stühlchen wegnehmen und dann wieder hinstellen, wenn es eingeheizt war, damit ich in den Topf schauen konnte auf'm Ofen, weil ich zu klein war. Und so hab ich mich dann gewehnt und hab' die ganze Familie versorgt mit Essen.

MC *Sie haben so unglaublich viel gearbeitet Ihr Leben lang! Wie ist es denn gekommen, daß Sie sich überhaupt eines Tages die Zeit genommen haben, das aufzuschreiben?*

AW Ja, daran waren eigentlich die Kinder schuld, meine drei Töchter! Da war'n sie schon erwachsen, alle drei, und da haben die immer gesagt: Mutti, überall kannst du was erzählen, aber uns hast du noch nichts erzählt! Da hab' i g'sagt, ja Kinder, ihr kennt's doch net verlangen, wenn ich abends so mied bin, daß i schon beim Essen eingeschlafen bin, daß ich dann noch mein Leben erzähl'. Ich bin ja zu miede. Und dann is Zeit vergangen, und die ließen mir keine Ruhe, und so mußte ich eben erzählen. Oawa – es war dann schnell wieder aus, weil ich g'sagt hab': Kinder, das schreib' ich euch einmal auf. Dann hat mir mein Mann a Schulheft mitgebracht aus Pfarrkirchen, und dann hab' ich angefangen zu schreiben.

MC *Wie haben Sie aufgeschrieben? Mit Bleistift, mit Füllhalter?*

AW Mit Füller! Ja, es war zweierlei Schrift da, das ist heut noch genauso im Heft, wie ich's damals geschrieben hab'.

MC *Das Heft gibt's noch?*

AW Das Heft gibt's noch.

MC *Und wie kam es, daß es dann zum Verlag gekommen ist?*

AW Dees ging auf Umwegen. Dees is so g'wesen: ich hab's dann in das Schulheft g'schrieben g'habt, und meine Tochter hat dann einen Augenarzt geheiratet; die war in München in Stellung. Dann war noch die Oma do, und da mußte der Hausarzt kommen, der hat die Oma behandelt, und dann kriegt' er ein' Kaffee. Und dees Heft, was ich g'schrieb'n hab', dees Schulheft, lag auf'm Klavier, und der Hausarzt hat das Heft genommen und hat a bißl gelesen davon. Und dann hat er das mitgenommen heim und dann is die Verlägersfrau zu ihm gekommen, die auch ein' Arzt braucht hot, und hat zu ihr gesagt: Frau Piper, ich hob da irgendwas geläsen, das lag da am Klavier. Und dann ham die mich angerufen, erst ham die mir'n Brief g'schrieb'n, ob sie irgendwas daraus machen dürfen; da hab' i g'sagt, das kommt ieberhaupt nicht in Frage, das ist nur für meine Kinder, für meine Familie. Und dann – no ja, mir seh'n uns wieder!

MC *Ja, hat das dann jemand vom Verlag abgeschrieben und geändert, oder ist das genauso geblieben, wie Sie's geschrieben haben?*

AW Kein Wort is geändert worden! Die hab'n gesagt: Also, dees is so einfach geschrieben, daß man eigentlich nichts rausnehmen kann! Und man kann alles, wenn man dees Heft liest, kann man sich alles vorstellen. Wenn man da ein Buch draus machen kennte. – Nein, das lass' ich nicht machen! Und da hammer immer g'stritten. Ich hab's ja nur fier die Kinder g'schrieben und nit für jemand Fremden! Dann sahn's kommen und hab'ns mi bearbeitet: wenn man doch a so a klaans Biechle machen täte! Da tät man's a Geld dafier kriegen. – Soviel Geld, was ich brauch, hab ich! – Sie ham doch Techter, kennen's die Techter das Geld schenken, die wern sich b'stimmt freuen! – Und dann hat mein Mann g'sagt: Geh, Mutti, laß doch drucken! Da hammer 's drucken lassen und des is wie ein Lauffeuer auseinandergegangen. Inzwischen ham die weit ieber vierhundertfiefz'gtausend verkauft.

MC *Davon wird mancher, der sich Schriftsteller nennt, nur so träumen! Schreiben Sie denn auch weiter?*

AW Nein!

MC *Wollen Sie nie mehr?*

AW Nein. Ich wollte ja ieberhaupt kein Buch schreiben. Ich wollt' ja nur fier die Kinder aufschreiben.

MC *Sie wollten ein Heft schreiben für Ihre Kinder. – Wie war das denn genau, Frau Wimschneider? Haben Sie sich eines Tages hingesetzt? Wie alt waren Sie da?*

AW Oh, da war ich schon alt! Da war'n ja die Kinder schon alle am Arbeiten. Und ich bin dann ganz alleine daheim gewesen, und da nun ham die Kinder gesagt, Mutti, erzählt hast du uns nie was von deinem Leben, du hast doch schon die kleinen Geschwister erziehen müssen. – Kinder, ich bin so miede, ich konn eich nichts erzählen. – Ich mecht' ein einziges Mal in meinem Leben ausschlafen. Einmal ausschlafen! – Nächsten Tag ging's schon wieder los! Alle drei Techter haben zusammengehalten und hamm mich gezwungen zu schreiben. – Na ja, guat, da setz i amal hie! – Und hatten mir noch eine schwarze Katze, und wie ich mich hingesetzt hab', da is die gleich zu mir gekommen und is auf d'n Schoß gegangen und eingeschlafen. – Der Mucki schloft noch! Und wenn der Mucki nicht wach is, kann ich nicht aufher'n! Muß ich weiterschreiben! – Und dann hab' ich weitergeschrieb'n bis der Mucki wachg'worn is.

MC *Den ganzen Tag geschrieben?*

AW Nachmittag!

MC *Den ganzen Nachmittag?*

AW Ja! Dann wor's schon so weit, daß die Kinder heimkommen und die sehen, daß ich schreib'n tu. Und da hab' i mir gedacht: dees brauchen die nit wissen! Das mach ich ganz heimlich! Und dann hat mein Mann g'fragt, Mutti, was hast du heit gemacht? Warst du im Garten? – Nein. – Warst in der Kiche? – Nein. Heut hab' ich gar nichts g'macht. – Das gibt es nicht! – Und da hab' ich eingestanden, hab i g'sagt: i hab' heut g'schrieben! – Mutti, zeig's, was du g'schrieben hast! Dann hab' ich's ihm gezeigt, da hat der laut angefangen zu lachen! Also so, hat er g'sagt, hätt' ich's nicht schreiben können. Der hat an schtudierten Schtil praktisch schon. Und ich hab' ganz einfach geschrieben, wie ich's noch gewußt hab', wie ich mir's vorstellen hab' kennen. – Mutti, mußt aber nun weiterschreiben, gel? – Aber d'Kinder derfas nit wissen, gel, derfst den Kindern nix sog'n. – Und dann hab' i wieder weiterg'schrieb'n und weiterg'schrieb'n. Und eines Tages kommt eine heim von de Techter, und hat g'sagt: O Mutti, da schau her, du schreibst?

MC *Die hat Sie überrascht?*

AW Die hat mich ieberrascht! Und von dortan wor's effentlich: die eine hot's der andern g'sagt und a jede hat's gelesen. Ja, hab' i g'sagt, ihr tat's des ja ganz anders schreiben, ihr hobt ja Oberschul' g'macht. I bin überhaupt ni in die Volksschule richtig gegangen, mit finfeinhalb Johr' kam ich aus der Schule.

MC *Später haben Sie sich dann hingesetzt und dann jeden Tag weitergeschrieben, bis das Buch fertig war, oder wie?*

AW Innerhalb vierzehn Tagen hab' ich bloß am Nachmittag zwei, drei Stunden g'schrieben. Bis ich Angst g'hobt hab', 's kommt bald jemand heim. Muß ich's schnell verräumen.

MC *Und in Ihrem Buch kommt mal vor, daß Sie sich als Haustrunk Bier gebraut haben. Haben Sie denn zum Schreiben etwas getrunken, Bier oder Kaffee?*

AW Na!

MC *Einfach gesessen und geschrieben?*

AW Einfach g'sitzt und g'schrieb'n!

MC *Und die Katze auf'n Schoß?*

AW Die Katze war auf'n Schoß, und weil die nicht wach worden is, bin ich halt sitzengeblieben.

MC *Gibt es die Bräuche, die in Ihrem Buch vorkommen, den Erntebrauch und die Bräuche in den verschiedenen Jahreszeiten, auch heute noch?*

AW Nein. Is alles weg! Gibt's ganz selten amal an Haus, wo da a Drischlege is – nach dem Dreschen, daß die noch getanzt haben und so, is heut nimmer!

MC *Ich meine, daß es wichtig ist, daran festzuhalten.*

AW Die Leute gehn heutzutage alle heim und machen ihre Stallarbeit, a jeder hat viel Vieh, und da gibt's noch Maschinen zu rep'rier'n.

MC *Wenn Ihr Leben ruhiger gewesen wäre, hätten Sie da mehr gelesen und sich mehr Theater angesehen; ich weiß noch, daß Sie geschrieben haben: da war eine Hänsel-und-Gretel-Aufführung im Dorf – es war »überwältigend«, sagen Sie darüber!*

AW Ja! Das war's einzige Theater, was ich gesehen habe in meinen ganzen Schuljahren! Ich bin bloß finfeinhalb Johr in der Schule gewesen. Dann hat der Lehrer gesagt: Soviel kann sie, daß sie im Leben durchkommt! Und ich hab' bessere Noten gehabt als die anderen Kinder. In der ganzen Schulzeit hab' i zwei Tatzen 'kriegt.

MC *Sie haben unglaublich viel gearbeitet. Zum Lesen ist da ja nie Zeit gewesen. Woher haben Sie die Übung zum Schreiben? Haben Sie später irgend etwas gelesen?*

AW Ieberhaupt nicht! Ich hab' in meinem Leben noch kein solches Buch gelesen.

MC *Auch kein anderes?*

AW Auch kein anderes. Nein. Meine einzige Leserei war der Kalender, Jahreskalender, und da hat ma manchmal aufg'schlagen und da san so Rätsel oder so ganz kleine Sticke drin g'schtanden, ieber den Monat, was da fier Bräuche war'n. Ich hätt' an sich gern gelesen, aber ich dirft mi net d'rwischen lassen. Wenn meine Geschwister mich gesehen hätten, daß ich lesen tu, da hätten sie mir gleich die zerrissenen Hosen ins G'sicht geworfen: hast mei Hosen scho g'flickt? Solange du noch zerrissene Hosen hast, hast du keine Zeit zum Lesen!

MC *Sie waren also wirklich die Mutter, als Sie selbst noch ein recht kleines Kind waren, und hatten unglaublich viel Verantwortung und Arbeit – für zehn Personen!*

AW Ja! Und noch dazu war ich so klein, daß ich nicht auf'n Tisch schau'n konnte. Ich hab' immer 'n Schemel mitgetrag'n.

MC *Anna mit den sechs Beinen, vier vom Schemel und zwei eigne!* (Lachen beide. Anna wird immer lebhafter und vertrauter und fällt immer mehr in Dialekt.) – *Wenn ich von Ihrem Buch erzähle, sag' ich immer das von dem Schemel und dem hohen Herd.*

AW Ja, ja, ich hab' immer meinen Schemel bei mir g'habt! Wenn mich jemand gehen sehen hat, und ich hab' zum Tisch geh'n missen, die Nase und die Augen hab'n direkt bis zur Kante gereicht, aber da konnt' ich doch nichts lesen, und da hab' ich wieder mein Schemerl hing'schtellt und hab' mich da drauf g'schtellt und hab' da do irgendwas g'macht. Meine Mutter hat sehr guat kochen kennen und die hat manche Kochbiecher g'habt: »Des lern' ich och amal, was meine Mutter kann – gekonnt hatte.« Ich bin eigentlich bekannt, daß ich sehr gut kochen kann und daß ich alles Meegliche machen kann.

MC *Das waren auch schon so schwierige Sachen in Ihrer Kindheit! – Was ist eine »Rohrnudel«?*

AW Des is an ganz gewehnlicher Nudelteig. Und dann schneid't man so Sticke. Und dann tut man Marmelade rein oder Äpfel rein. Und dann tut man 's in so a – »Rein« ha mir g'sagt, da is vorn und hinten so a Henkel dran – und dann tut man die Nudeln so einrichten: oan, zwoa, drei, vier, finf, sechs. Und da hab' ich immer zweiundzwanzig hab' i immer gehabt. Missen scheen braun sein. Und manchmal, wenn's nich so braun waren, da hob ich immer a Watsch'n 'kriegt: »Fier die Leicherten kriegst a Watsch'n, fier die Verbrannten kriegst auch a Watsch'n.« So viel Kinder – die ham ja wahnsinnig viel gegessen. Die mußten aach schon arbeiten! Bei uns ham alle arbeiten missen! Den Kleinsten hammer im Kinderwagen g'habt, den hammer draußen dabei g'habt, Milchflasche dabei.

MC *Sie erzählen das alles so klar und natürlich, wie man das tut, wenn man sagt, ich schreib' das für mich und meine Kinder auf. Und das muß einen eigenartigen Zauber auf die Menschen ausüben. Vieles von dem, was Sie aufschreiben, ist heute einfach vergessen; das ist eine unbekannte Welt für einen Münchner, für einen Frankfurter. Wie ist das gewesen? Sie haben fast eine halbe Million Auflage, sagen Sie.*

AW Ja.

MC *Also: der Piper-Verlag hat nicht locker gelassen, bis Sie gesagt haben, das darf ein Buch werden. Und dann?*

AW Auf Umwegen hat dees der Piper-Verlag in die Hand 'kriegt.

MC *Dann hat sich auch die Presse an Sie gewandt, und Sie haben Lesungen gemacht von Anfang an, sobald das Buch da war. Wie war das denn?*

AW Lesungen hab' ich eigentlich nie gemacht, weil ich zuckerkrank bin. Und da hab' ich immer g'sagt: Ich hab' das ja alles erlebt, ich kann das erzählen. – Das wär' noch scheener, ham'se g'sagt, lesen kenn'n mir das Buch daheim auch. Und das hat so'n Anklang gefunden. Vorn saßen die alten Mitter, die ham dann angefangen zum Weinen. Die ha'm sich genau vorstellen kennen, wie so a Kind daherkommt und muß a alles machen mit an Schemel in der Hand.

MC *Sie fahren herum in Buchhandlungen und Schulen und erzählen Ihr Leben. Die alte Tradition des Erzählens, Märchenerzählens, Geschichtenerzählens, Erlebnisse-Erzählens. Das ist viel früher dagewesen als Bücher und als Aufschreiben.*

AW Ja ja. Das ist ganz interessant, weil die Schulen auch manchmal Unterricht machen, wie dees alte Leben so war. Das ist ja sechzik Johr her! Ich bin jetzt im siebzigsten Jahr. Wie ich in die Schule ging, war ich acht Jahre alt.

MC *Wenn Sie erzählen, fragen die Leute dann auch? Was wollen sie wissen?*

AW Ja, wie dees so war. Ich muß dees noch amol erzählen. Es gibt fast ieberall eine lebhafte Diskussion. Weil die Leute sagen: dees gibt's ja gar nicht, daß das damals so war, vor sechzig Jahren! Da war dees Leben ganz anders wie's heute is. Heute san die Leute net so strapazierfähig. Man kennte dees mit ann Kind ieberhaupt nimmer machen! Da kaam' von irgendeiner Stelle jemand und taat' sog'n, das Kind wird mißhandelt. Was meinen's, was i Watsch'n 'kriegt hab'! Wie ich ins G'sicht hauen worden bin! Nit von Fremde, sondern von meinen älteren Geschwistern. Zum Beispiel hab' ich amal a Herbstmilch anbrennen lassen. Die hom mich dermaßen dann bearbeitet!

MC *Leben Ihre Geschwister alle noch? Was sagen die dazu, daß es dieses Buch gibt?*

AW A ja, die haben sich eigentlich darüber gefreut! Es hat ja jeder was davon gekriegt. Ich hab' das Geld nicht fier mich kassiert, ich hab's ja nicht 'braucht. Und meine Geschwister, die hab'n aach große Heefe und hab'n Kinder. Ich brauch' ja dees Geld net!

MC *Sie sind viel beschäftigt! Und können Sie sich denn jetzt Ihren Wunsch erfüllen, sich endlich einmal auszuschlafen?*

AW Den Wunsch, den hab' ich mir schon lange erfüllen können!

MC *Nun haben Sie doch wieder ein arbeitsames Leben, wenn Sie immerfort reisen so wie jetzt. Wie oft sind Sie denn durchschnittlich in der Woche oder im Monat auf Lesereise oder auf »Erzählreise«, kann man sagen?*

AW Wenn wieder ruhige Zeit ist, sind die meisten Lesungen. Das Mindeste ist doch: sechzig, siebzig Personen wer'n do sein. Ich hob' aach schon über zweihundert gehabt.

MC *Und von Norden bis Süden geht das? Auch Schweiz und Österreich? Alle deutschsprachigen Länder?*

AW In Österreich war ich schon, in der Schweiz war ich noch nicht. Und in Italien, da wor ich aach schon amal, und da wor'n die Leute ganz begeistert. Da gibt es ja viele Deutschsprachige! Die hob'n g'sagt, das kann man heute mit Kindern nicht mehr machen. Ich hab' die Widerstandskraft gekriegt, weil ich mich dagegen wehren mußte, gegen alles Beese, wos auf mich loskommt.

MC *Das war eine unglaublich, eine extrem harte Kindheit! Und als Sie erwachsen waren, ist das mit der Schwerarbeit so weiter gegangen!*

AW Hm hm. Hab' die Feldarbeit machen missen, hab' dazu noch vier alte Leute g'habt, die alle mit zwei Stecken gegangen sind, weil die Hüftgelenk' heraus waren. Ich war mit den Ochsen auf'n Feld draußen, mein Mann war im Krieg. Ich hab' mich immer gefreut: wenn er heimkommt, dann brauch' ich nich mehr aufs Feld mit die Ochsen. Und dann – hat er ein'n Halsschuß 'kriegt, da war mein Traum aus. Dann mußte ich jahrelang nochmal raus aufs Feld.

MARIA BEIG

»Die Gedanken sitzen so fest wie mein Kopf«

Maria Beig, 1920 nahe Tettnang geboren, wohnt in Friedrichshafen am Bodensee. Ihre Bücher schildern die ländlich-schwäbische Region; wenn ein Gast das Vertrauen der scheuen Frau gewonnen hat, zeigt sie ihm die geheimgehaltenen Originalschauplätze. Erst nach ihrer Pensionierung aus dem Beruf als Lehrerin 1977 begann sie zu schreiben. Seitdem erscheint alle ein oder zwei Jahre ein neues Buch, zuerst in einem Verlag ihrer Heimatregion und dann als Taschenbuch, manchmal mit einem Nachwort von Martin Walser: »eine wunderbare Frau« nennt er sie und ihren Stil »nach Homers Art«. Ihr erster Roman ›Rabenkrächzen. Eine Chronik aus Oberschwaben‹ wurde 1983 mit dem Alemannischen Literaturpreis ausgezeichnet. Bereits die Titel weisen die Romane und Erzählungen der Erinnerung oder dem ländlichen Leben zu: ›Rabenkrächzen‹ (1982/83), ›Hochzeitslose‹ (1983/85), ›Hermine. Ein Tierleben‹ (1984/86), ›Urgroßelternzeit‹ (1985/87), ›Kuckucksruf‹ (1988).

Aus *Hermine – ein Tierleben* (Kinderjahre, Pferd), 1986

»An einem ausländischen Fluch erschrak es und raste den Berg hinunter. Sein Geschirr schleuderte hinter ihm her, und dies erschlug Mutters Dreijährigen. Nun berechtigt ein Mensch nie zu solchen Hoffnungen wie mit drei Jahren. Ständig kann man sich über seinen Verstand wundern. Seine Unarten sind der reinste Charme. Darum ist es für eine Mutter besonders schwer, ein Kind solchen Alters zu verlieren. Diese erzählte noch nach fünfzig Jahren von dem Kind; es muß über die Maßen liebenswürdig gewesen sein.
Als sie gerade meinte, vor Schmerz irrsinnig werden zu müssen, klopfte das nächste erstmals von innen gegen ihre Bauchdecke. »Sei ruhig, du«, dachte sie unwillig. Da fing es an zu stampfen und zu schlegeln. Nun war dies Gezappel ein zu großer Gegensatz zu der ungeheuren Ruhe, die der Kleine im Sarg ausstrahlte. Es brachte die Mutter auf: »Dich mag ich nicht, dich will ich nicht«, und dermaßen redete sie sich die ganze Zeit in einen Haß hinein gegen dieses Kommende. Als es Zeit wurde, wollte sie nichts wissen vom Bäsbestellen zur Wochenbettpflege. Auch vom Eierweckenbacken wollte sie nichts hören; der Vater wollte noch viel weniger die Chaise für's Tauffest herrichten oder gar großartig das Fuhrwerk anspannen, um die Hebamme zu holen.
Als es anfing, verkroch sich die Mutter. Doch als es heftig wurde, bekam sie Angst. »Verbluten«, fiel ihr ein, und sie dachte an den Mann und an das halbe Dutzend Kinder, das sie hatte. So schickte sie zu einer Nachbarin, und die half ihr.
Es war dann ein weibliches Ding. Darüber war die Mutter froh. Auch dessen Häßlichkeit freute sie. Ein Knollen mit zwei Löchern im Runzelgesicht sollte wohl die Nase sein. Eine Stirn hatte es keine, denn gleich oberhalb der Augen fing ein häßlicher, brauner Borstenschopf an. Und weil es auch keinen Hals hatte, liefen die Borsten wie eine Mähne den Rücken hinunter. Die Zehen und Finger waren stumpig; man mußte genau hinsehen, ob da keine Verkrüppelung sei. Vielleicht hätte die Mutter ihm auch das noch gegönnt! Nein, mit dem schönen Erschlagenen hatte dieses Kind nichts gemein!
Die Mutter tat dem Kind natürlich ihre Pflicht. Sie säugte es, und wäh-

renddessen schnappte es gierig nach ihren Brüsten. Sie pflegte es auch, und dabei sah sie, daß es aufmerksam seine Umgebung beobachtete. Auf ihr Kommen und Gehen reagierte es erstaunlich früh und besonders heftig, heftiger als die bisherigen Kinder, mit Weinen und Lachen. Da fing sie an, es ein bißchen zu mögen.

Die unheimliche Pferdemähne wich allmählich einem normalen Haarschopf; da schauten auch die anderen nach ihm.

Auf das nächste Kind freute sich die Mutter wieder. Sie wußte von Anfang an, daß es ein Bub sein werde. Ja, er sah ihm sogar ähnlich, bekam seinen Namen, und so hatten sie ihn wieder.

Es war erstaunlich: Nach dem Borstentierchen bekam die Mutter noch einmal so viele Kinder, wie sie schon hatte; denn sie war eine, bei der die Kinder einfach kamen, wie sie sie bekommen konnte. Alle waren es wieder große und schöne Kinder. Und sie waren hochwillkommen.«

MECHTHILD CURTIUS *Maria Beig, in mehreren Romanen und Erzählungen haben Sie beschrieben, wie es in Ihrem Geburtsort vor Generationen war und wie es sich mit der Zeit verändert hat. Wie sind Sie dazu gekommen, »Generationenringe« wie Jahresringe zu schildern: immer mehr wurde das Dorf zerstört, bis die große Fabrik kam, der Bach stank, Leichen darin schwammen?*

MARIA BEIG Ich habe angefangen, als ich in den Ruhestand kam, das war vor acht Jahren. Da hat mich das bewegt, was ich früher als Kind mit der großen Bauernfamilie erlebt habe. Und wie ich dann Zeit gehabt habe, habe ich einfach angefangen aufzuschreiben. Meine Schwestern haben mich dazu ermuntert; sie sind dann allerdings erschrocken, als es im Buch stand, weil ich nicht nur die schönen Sachen geschildert habe. Je mehr ich darüber nachgedacht habe und am Schreiben war, desto mehr sind mir auch die Veränderungen bewußt geworden, und was alles verlorenging. Das hat mich bewegt; ich bin oft traurig gewesen, das hat mir dann oft neuen Stoff gegeben.

MC *Haben Sie selbst die Überzeugung, Sie hätten autobiographische Bücher geschrieben?*

MB Nein, die Überzeugung habe ich nicht mehr. Mein erstes Buch, ›Rabenkrächzen‹: da war ich noch sehr gebunden, an das, was ich wirklich erlebt habe. Aber je mehr ich dann geschrieben habe, desto mehr habe ich auch Sachen hineingebracht, die vielleicht nicht wahr sind, oder die ich anders ausgelegt habe.

MC *Zum Beispiel die Geschichte von Hermine, diesem kleinen Mädchen, das geboren wird, nachdem ein geliebter Bruder gestorben ist, und das die Mutter schon nicht liebt, als es noch in ihr ist. Warum haben Sie das so beschrieben, wie einen Wechselbalg? Nach altem Mythos?*

MB Da ist natürlich viel Wahres dran: Das Kind war ja ich! Ich habe das einfach geschrieben, wie das war. Auch die anderen Geschichten von der Hermine: das allermeiste ist tatsächlich passiert. Mein Vater hat gesagt, die bekommt Hörner, und ich habe immer nachgefühlt, ob ich wirklich Hörner bekomme. Also, so viel erfunden ist in der ›Hermine‹ gar nicht. Aber wenn ich mal sagen kann: ich schreibe irgendwie unbewußt, es kommt einfach so raus; ob das nur ein Mythus ist – es ist mir nicht bewußt!

MC *»Hermine« hat von Anfang an einen wacheren Blick und reagiert mehr als die anderen Kinder; vielleicht ist er es, der später dazu führt, daß Hermine, oder wer auch immer, später Bücher schreiben kann? Erst einmal hat sich »Hermine« das alles über die wachen Augen und Ohren angeeignet. Was mich interessiert: Woher hat sie diese Sprachkraft, diese Formen? Sie sind ja immerhin eine ausgebildete Lehrerin. Haben Sie sehr viel gelesen? Irgendwo kommt das ja her, was man sich ausdenkt. Wissen Sie es?*

MB Das ist mir auch nicht ganz bewußt. Ich habe immer gern gelesen. Habe auch gern in der Schule oder meiner Tochter und andern Kindern Märchen erzählt. Vielleicht kommt da manches von der einfachen Sprache her. Sobald ein Satz bei mir kompliziert wird, mag ich ihn nicht mehr; dann fange ich von vorn an und tu's in eine einfache Form rein. Aber so richtig erklären kann ich das nicht, woher dieser Stil kommt.

MC *Daß Sie in der Nähe der Annette von Droste wohnen, ist nicht falsch. Was haben Sie gern gelesen? Schreiben ist ein Handwerk, das erlernt man auch. Hat Ihre Großmutter, die aus ›Urgroßmutterzeiten‹, sehr gut erzählt?*

MB Ja. Daher kommt viel. Meine Mutter und meine Großmutter, beide haben viel erzählt. Und meine Mutter hat viele Gedichte auswendig gesprochen. Sie hat Brüder gehabt, die in die Stadt in die Oberschule gegangen sind, und da hat sie dann die Lehrbücher gelesen. Sie hat also Schillers ›Glocke‹ und alle diese Sachen auswendig gewußt, bis ins hohe Alter. Auch Naturbeschreibungen, »Geh aus mein Herz und suche Freud«, hat sie an schönen Sommermorgen vor sich hin gesprochen. Wahrscheinlich habe ich davon gelernt. Ich spreche auch gern Gedichte vor mich hin.

MC *Was haben Sie selbst gern gelesen? Vielleicht schon als Kind?*

MB Ja, was habe ich denn gelesen? Die Russen habe ich gern gelesen. Tolstoi und den Dostojewski. Thomas Mann hab ich später gern gelesen: ›Joseph und seine Brüder‹. Immer wenn Ferien angefangen haben, habe ich zuerst das Buch geholt.

MC *Haben Sie Gotthelf gelesen?*

MB Ja.

MC *Und Droste?*

MB Ja.

MC *Stifter?*

MB Auch. Ja.

MC *Eichendorff, andere Romantiker? – Ich frage nach Dichtern, die Ihrem Schreiben am nächsten sind.*

MB Auch den ›Taugenichts‹. Und seine Gedichte. Den Robert Walser habe ich gelesen, den mag ich auch.

MC *Könnten Sie Ihren Lebenslauf zusammenfassen in wenigen Sätzen?*

MB Ja, ich bin also von dreizehn Kindern die mittlere, bin auf dem großen Hof aufgewachsen und in die Dorfschule gegangen. Und als ich dann aus der Schule kam, hat man mich daheim nicht brauchen können; irgendwie hab ich zuviel geweint; mich hat immer, was da alles passiert, zu sehr geschlaucht. Die sind mich also gern losgeworden und haben mich in die Schule geschickt, zuerst nach Ravensburg, da ging ich drei Jahre in die Frauenarbeitsschule. Der Lehrer hat ein Schreiben gekriegt, er soll Mädchen melden, die gut gelernt haben. Und da bin ich nach Kirchheim / Teck ins Seminar gekommen und habe da eine dreieinhalbjährige Ausbildung zur Hauswirtschaftslehrerin gemacht. Im Krieg haben dann Lehrer gefehlt; ich habe als Volksschullehrerin sechs Jahre richtige Klassen unterrichtet und nachher wieder in meinem Fach. Und 1954 habe ich geheiratet, habe dann eine Tochter bekommen und bin immer noch in die Schule gegangen. Nach den Wechseljahren hat mich die Schulhalterei arg geschlaucht, und ich habe mich dann pensionieren lassen. Dann habe ich angefangen zu schreiben.

MC *Sie haben vorher nie geschrieben?*

MB Nein.

MC *Gar nicht?*

MB Briefe habe ich gern geschrieben; ich hatte zwei Tanten im Ausland, eine auf den Philippinen und eine in Brasilien; das waren Nonnen. Denen hab ich schreiben müssen, als Kind schon, was in der Familie alles ist.

MC *Das war eine gewisse Vorübung, denk ich mir. – Im Krieg mußten Sie in der Schule die Männer ersetzen. Ich finde Ihre Beschreibungen von Krieg und Faschismus auf dem Dorf wichtig, weil das so nicht jeder kennt. Z. B. die Geschichte von dem Mädchen, das sich mit dem Polen »einläßt« und dann verfolgt und diskriminiert wird. Wie Sie den Ortsbauernführer einfach beschreibend enthüllen: »Seine Stimme überschlug sich, und er bildete keine Sätze mehr, schrie zuletzt nur noch Bruchstücke, in denen sich Polenpack, Polenhure, Drecksau … wiederholten.«*

MB Also, ich habe es so beschrieben, wie es war. Grad meine Eltern, die waren auch Nazis, kann man sagen; die haben das auch nicht anders erlebt, einfach wie sich's auf ihr Leben ausgewirkt hat. Und wie sie dann gemerkt haben, was da wirklich Böses dahintersteckt, und wie dann zuerst der Vater und dann die Mutter sich vollständig davon abgewendet haben.

MC *Jetzt wag' ich den Sprung zu den technischen Dingen. Schreiben Sie jeden Tag oder mit Pausen? Denn Sie schreiben ja inzwischen unentwegt weiter, jedes Jahr oder jedes zweite Jahr ein neues Buch. Schreiben Sie da zu bestimmten Stunden? Haben Sie eine gewisse Arbeitsdisziplin, einen bestimmten Ort? Solche Kleinigkeiten Ihres Schreiballtags möcht' ich wissen.*

MB Ich schreibe also nicht jeden Tag; ich schreibe nur manchmal, vielleicht drei-, viermal die Woche, vormittags. Da setze ich mich an meinen Eßtisch in der Stube und schreibe in Druckschrift, von Hand, und schreibe so eine Geschichte oder so einen Roman erst einmal, und da achte ich noch wenig auf Satzzeichen und solche Dinge. Und dann schreibe ich's noch das zweite Mal. Wenn ich dann dran bin, geht es recht schnell! Das ist ja in mir so fertig und sprudelt dann bloß so raus; da brauche ich gar nicht mehr viel zu überlegen. Überlegen tu ich mir, wenn ich nachts nicht schlafen kann oder, am allermeisten, wenn wir wandern: wir wandern viel, mein Mann und ich. Da gehe ich dann drei, vier Schritt hinter ihm, und da kommen mir solche Gedanken. Nachher schreibe ich's am andern Tag auf.

MC *Und Sie schreiben das Ganze dann in Blockschrift noch einmal von vorn bis hinten?*

MB So mach ich's, ja. Das sitzt dann so fest in meinem Kopf, das brauche ich bloß herholen. Manches fällt mir auch am Schreiben erst ein.

MC *Also doch. Und wird das dann eine neue Geschichte?*

MB Die ist beinah gleich; die zweite ist meistens kürzer. Daß ich manches weglass', kommt, weil ich denk', das kann sich der Leser selber vorstellen.

MC *Kann er auch. – Und warum streichen Sie's nicht aus, sondern schreiben es ganz neu und ganz und gar durch?*

MB Ach, das gibt dann einen besseren Fluß, mein' ich immer!

MC *Kann es sein – Sie sprechen von einem Fluß –, daß Sie dann auch Bilder sehen, alles noch einmal fließen lassen müssen, sonst gehen die kaputt?*

MB Ja, ja! Auch wenn ich mir einen Namen ausdenke, den kann ich nachher nicht anders machen; das muß für mich »die Katrine« sein!

MC *Das hat der Theodor Fontane auch gesagt: von diesem affigen Effi-Namen.*

MB Im Grund steht die Person da, die kenne ich; ich kann keine ganz erfinden! Ich habe noch nie eine Person aus der Luft geholt; die leben alle. Und manchmal erkennen sie sich dann auch wieder; da wird es ein bißl schwierig.

MC *Gibt's auch Zeiten zwischen zwei Büchern, die Sie irgendwie überbrücken? Was machen Sie dann?*

MB Ja, zur Zeit schreibe ich also nicht. Aber irgendwo sammelt sich jetzt schon wieder Stoff an, und eines Tages ist es soweit, daß einfach wieder geschrieben sein muß. Da bin ich machtlos diesem Drang gegenüber. Ich bin gegenüber dem Schreiben überhaupt machtlos, finde ich, da kann man sich nicht wehren dagegen.

MC *Wie erklären Sie sich das?*

MB Es ist vielleicht doch eine innere Berufung oder ein Drang?

MC *Und wo das herkommt, haben Sie darüber eine Vermutung? Oder ist es Ihnen egal?*

MB Ja!

MC *Jetzt sagen Sie: die Geschichten kommen relativ fertig auf's Papier – und die ganzen Romane? So ein Roman wie ›Rabenkrächzen‹ hat doch einen perfekten Aufbau: die schwarzen Raben-Trauerschwestern, die Beerdigung, das Hin-Zugehen auf die vier Höfe, die getrennt liegen, aber doch alle miteinander zu tun haben, und die Verknüpfung der Familie. Das ist ein großartiger Rahmen. Sie haben es aber nicht konstruiert wie ein Architekt ein Haus: es ist relativ fertig, vielleicht bei Ihren Spaziergängen, entstanden und dann »herausgeflossen«, wie Sie sagen.*

MB Ich habe nicht viel überlegen müssen dabei; ich habe es einfach geschrieben.

MC *Und wie sieht jetzt das »Überlegen« auf den Spaziergängen aus, wenn Sie »vier Schritte hinter Ihrem Mann gehen«? Können oder wollen Sie darüber etwas sagen? Oder auch schweigen?*

MB Ja, ich will eigentlich nicht viel drüber sagen.

MC *Jetzt kommt eine alberne Frage: Brauchen Sie auch stimulierende Mittel, Rauchen, Kaffee, Tee oder Drogen, Tabletten, Wein?*

MB (Lacht laut und lange) Nein. Dazu brauche ich wirklich nichts.

MC *Gibt's sonst irgendwelche Art Rituale: Wie muß der Tisch aussehen, was muß morgens passiert sein, bevor Sie anfangen zu schreiben?*

MB 's Wetter spielt ein bißl eine Rolle! Bei schönem Wetter kann ich weniger gut schreiben. Am liebsten schreibe ich im Herbst, wenn die Stare zwitschern im Garten draußen. Ich muß ein klein bißchen bedrückt sein oder schwermütig. Aber auch allein muß ich sein, natürlich.

MC *Sie sagen »schwermütig«. Da gibt es einen Fall in ›Rabenkrächzen‹: nach der Beerdigung treffen sich die Schwestern, und eine ist schwermütig. Diesen Zustand fast vollständiger Lähmung finde ich mehrmals in Ihren Geschichten. Auch Angst. Ich weiß es aus Westfalen; die Spökenkieker sind Bauern, die an schrecklicher Schwermut leiden können: Das gibt's hier auch?*

MB Ja. Das sehen Sie schon richtig. Ich habe auch schon Zeiten gehabt, wo ich noch schwermütiger war, als ich jetzt bin. Vielleicht habe ich mir durch das Schreiben auch etwas weggeschrieben von der Seele, und es ist besser geworden.

MC *Thomas Mann, dessen schwierigstes Buch, die Josephsromane, Sie gern gelesen haben, hat viel über das Arbeiten der Schriftsteller gesagt und geschrieben und »das Recht des Dichters, die Wirklichkeit zu benutzen« gefordert. Also: es gibt eine Wirklichkeit, und man darf sie benutzen; wie sehen Sie das?*

MB Ja, das mein' ich natürlich auch, daß man die benutzen darf. Man darf sie so oder so einbringen in seine Geschichten. Ich benutze natürlich das, was ich gesehen und erfahren habe und beobachtet; das bringe ich dann in meine Romane rein.

MC *Sie sagten, in ›Rabenkrächzen‹ sei das noch ziemlich so, wie's gewesen war, aber nachher hätten Sie doch mehr erfunden. Wie sieht das Erfinden aus? Ist das eine Umformung? Ist das reine Phantasie, oder gibt es einen Bestandteil von Erinnerungen? Wie kommt Ihnen das selber vor?*

MB Es ist immer ein Bestandteil von Erinnerung und Beobachten; ein reines Erfinden ist es nie!

MC *Thomas Mann sagt ja, das gibt's gar nicht. Er sagt, er habe immer etwas ge-funden, er-funden habe er nichts.*

MB Ja, so könnt' ich auch sagen, ja! Es ist ein Finden, nicht so sehr ein Er-finden. Grad' bei ›Hochzeitslose‹: die Frauen, die waren wirklich! Ich habe natürlich einiges dazuerfunden, aber die Frauen, die haben gelebt!

MC *Wie war das bei den »Tiergeschichten« von ›Hermine‹? Die Vergleiche haben etwas von Tierfabeln, wie in der Antike; kein Wunder, daß Martin Walser Homer erwähnt zu Ihrem Lob. Wie Sie mit wenigen Worten ungeheuerliche Boshaftigkeiten schildern; gerade die* schöne *Schwester ist grausam: man muß den Hahn schlachten, und er muß auch ausbluten. Aber man muß sich nicht daran weiden. Wie kommen Sie dazu, das so zu schildern? Grotesk. Wie bei Canetti!*

MB So grausam? Wirkt es so grausam?

MC *Ja. Aber gut. Die Geschichten überleben Sie, wetten wir? Wir werden in der Hölle dann sehen, wer die Wette gewonnen hat. Oder im Himmel?* (Beide lachen lange.)

MC *Sie haben den Prozeß, wie ein Stoff sich vorbereitet und umwandelt bei Ihren Spaziergängen, geschildert; den Prozeß, wie sich da etwas im Kopf formt, in Schritte eingeteilt. Sie haben erwähnt, daß es im Unbewußten geschieht, dieses seltsame Sortieren und Arbeiten, ohne daß man's merkt. Es gibt in der Wissenschaft Einteilungen dieses Prozesses vor allem in vier Phasen: die Vorbereitungsphase; die Heranreifungsphase, die Inkubation – so wie das Kind im Mutterschoß, wie Hermine; die »Erleuchtung«, dieses »Aha, ich hab es«, wenn Sie sich hinsetzen und alles ziemlich fertig herauskommt; und am Ende das Überarbeiten oder Kontrollieren, wenn Sie die zweite Fassung machen und manches noch kürzer sein kann. Würden Sie sagen, daß das mit diesen Phasen stimmt oder doch ein bißchen anders ist?*

MB Stimmt eigentlich ganz genau. Das Schönste ist dann das Aha-Erleben: jetzt weiß ich, wie die Geschichte vor sich geht. Wenn's herauskommt, das Buch, da bin ich erst mal drei Wochen todunglücklich und meine, das ist nichts. Ich weiß nicht, geht es andern Leuten genauso, wenn man etwas schreibt?

MC *Aber Sie sind doch sehr anerkannt, von Anfang an fast.*

MB Doch, von Anfang an, da kann ich mich gar nicht beklagen. Die Zweifel kommen von einem selber.

MC *Da können Tausende anderer Meinung sein; das gehört dazu. – Sie können zuversichtlich sein, Maria Beig. In ›Hermine‹ sind groteske Elemente wie in Elias Canettis ›Blendung‹ in einer Welt, die so ländlich bleibt wie bei Jeremias Gotthelf; Martin Walser schließt von Ihren Büchern auf Homer. Ich weiß nicht, wer sich noch bessere Vergleiche wünschen kann.*

MB Das kann man sich nicht!

ERICH FRIED

»Von den Einfällen bleiben wir abhängig«

1921 in Wien geboren, mußte der jüdische Gymnasiast Erich Fried 1938 mit der Mutter nach London emigrieren, wußte schon damals mit den seit 1943 entstandenen Gedichten in den zwei Titelbänden ›Deutschland‹ (1944) und ›Österreich‹ (1945) Trauer produktiv in Provokation zu wenden. Fried gehörte zur Londoner Emigrantengruppe wie auch der väterliche Freund Elias Canetti, der ihn, der im November 1988 starb, überlebt. Fried hat seinen Unterhalt seit 1946 als freier Schriftsteller durch Übersetzungen aus dem Englischen, Hebräischen und Griechischen und als Autor zahlreicher Hörspiele, Essays und Rundfunkvorträge gefristet. Er schrieb den Roman ›Ein Soldat und ein Mädchen‹ (1960) und einige Erzählbände; bekannt aber ist er vor allem als Lyriker geworden, mit mehr als zwanzig Gedichtbänden in einer Gesamtauflage von über 300000 Exemplaren. Er erhielt die Ossietzky-Medaille und 1987 den Georg-Büchner-Preis. Umstritten waren Werk und Person zeitlebens; Gerüchten kann man nicht trauen, aber für seine Aufhebung der alttestamentarischen Zahn-um-Zahn-Haltung in seiner Feindesliebe, die ihn den Neonazi Michael Kühnen verteidigen ließ, bin ich während des Gesprächs in einer Frankfurter Wohnung am 4. Dezember 1984 selbst Zeuge geworden; wiederholt wurde das Gespräch durch Telefonanrufe mit dem Anwalt, der Kühnen verteidigen sollte, unterbrochen; wie ein Jüngling brannte Erich Fried leidenschaftlich für die Helferidee. Lyrik nicht nur nicht elfenbeintürmernen Gegensatz zum Tagesgeschehen, sondern kreativen Anreiz sein zu lassen, hat Erich Fried fertiggebracht; Im Proust-Fragebogen der FAZ 1985 hat er folgerichtig »Dichten« als Lieblingsbeschäftigung angegeben. Im Vorgespräch, auf die alten Hirschfeld-Fragen von 1928 angesprochen, verhielt sich Erich Fried wie bei einem literarischen Gesellschaftsspiel und veranschaulichte mit didaktischem Geschick zunächst die allmähliche Steigerung der Verwandlung der Wirklichkeit in Dichtung an einem halben Dutzend eigener Gedichte, die er blitzschnell aus dem Stegreif zitierte.

ERICH FRIED Kleine Störung

Im Schlaf geseufzt
sich einmal umgedreht
und mir dabei
die Decke weggezogen

Noch einmal umgedreht
dann lag die Decke
auf dem Boden
zur anderen Seite des Bettes

Dann noch einmal geseufzt
Dann legte ich die Decke
vorsichtig wieder auf sie
um sie nicht zu wecken

Fast jede Nacht
Ich fand das
etwas ärgerlich
und sehr komisch

Das fällt mir
manchmal ein
ärgerlich
ist es jetzt nie

doch einen Augenblick
ist es immer noch komisch
Dann ist es nicht mehr komisch
denn sie ist tot

Das ist natürlich in keiner Weise ver-dichtet, sondern es ist eine möglichst genaue Aufzeichnung dessen, was mir durch den Kopf ging und am Herzen lag und *wie* es mir durch den Kopf ging und am Herzen lag! Ein anderer Text geht an eine Materie etwas anders heran; es ist ein Text, der ›Glaube, Liebe und Hoffnung‹ heißt. Und darunter steht »Dem Andenken an Malwine Stein«. Das war meine Großmutter, die mich aufgezogen hat. Ursprünglich sollte dies den mir zu langen, aber vielleicht aufschlußreicheren Titel haben: ›Über die Glaubwürdigkeit, Liebenswürdigkeit und Hoffnungswürdigkeit unserer Welt‹:

Glaubwürdig?
Ja

Liebenswürdig?
Auch das noch

Hoffnungswürdig?
Ach
wissen Sie
meine Großmutter
hat immer gesagt:
»Solange man lebt
ist noch Hoffnung.«

(Sie wurde
als ganz alte Frau
in ein Vernichtungslager
abtransportiert
und vergast)

Aber mußte sie dort ganz zuletzt nicht
doch noch sehen...?

Sie mußte gar nichts mehr sehen
denn sie war blind

Auch das ist natürlich ein Tatsachengedicht, soweit es die Tatsachen betrifft. Aber es ist montiert aus den Aussagen über meine Großmutter und aus einem Gespräch mit jemandem über meine Großmutter und über meine Haltung zur Welt. Und insofern ist es nicht ganz so einfach konstruiert wie das erste Gedicht. Aber auch das ist nicht eine Verwandlung der Welt, sondern es bleibt sehr deutlich an dieser Welt kleben. Eine etwas umgedichtetere Form der Gedanken enthält das Gedicht ›Seestück‹:

Auf unserem Meer
treiben
als zerbrochene Schiffe
die halben Wahrheiten
hilflos
dahin
und dorthin

Treiben ab
von einander
und außer Sicht
oder eine stößt krachend
zusammen mit irgendeiner

Oder eine
von beiden Hälften
derselben Wahrheit
rammt ihre andere Hälfte
und beide kentern

Und manchmal
läuft nur die eine
voll
und geht unter
und die andere treibt hinaus
auf die offene See

Da haben wir die Wahrheiten als Schiffe aufgefaßt, und das Ganze ist, wenn man will, ein Gleichnis. Es gibt aber auch ein Gedicht noch, das ich zitieren kann, das den Umwandlungsprozeß innerhalb eines Gedichtes zeigt. Das ist das Einleitungsgedicht zu einem Band, der heißt: ›Das Nahe suchen‹; der Titel ist selbst eine Anspielung auf die Redensart »das Weite suchen«. Und das heißt ›Kleines Beispiel‹:

Auch ungelebtes Leben
geht zu Ende
zwar vielleicht langsamer
wie eine Batterie
in einer Taschenlampe
die keiner benutzt

Aber das hilft nicht viel:
Wenn man
(sagen wir einmal)
diese Taschenlampe
nach so- und sovielen Jahren
anknipsen will
kommt kein Atemzug Licht mehr heraus

und wenn du sie aufmachst
findest du nur deine Knochen
und falls du Pech hast
auch diese
schon ganz zerfressen
Da hättest du
genau so gut
leuchten können

Hier wird das Leben an Hand einer Taschenlampe demonstriert; wir alle kennen die Erfahrung, daß man die Metallteile einer Taschenlampe, in der man die Batterie zu lange liegen ließ, von der Batterie zerfressen findet. Und da ist die Trickzeile die: »Wenn du sie nach so- und sovielen Jahren anknipsen willst, kommt kein Atemzug Licht mehr heraus.« Natürlich gibt es keinen Atemzug Licht; aber diese Zusammenziehung ist im Rahmen des Gedichtes völlig verständlich; dadurch kommt dann auch die groteske Feststellung: »Wenn du sie aufmachst, findest du nur deine Knochen.«

MECHTHILD CURTIUS *Ich finde es schön, daß Sie die allmähliche Steigerung der Verwandlung von Wirklichkeit in Dichtung an Ihren eigenen Gedichten veranschaulicht haben. Danach kann ich die Fragen modifizieren: Meinen Sie, daß es die vier Phasen gibt und daß sie für diese Dichtungen, stufenweisen Annäherungen an die Wirklichkeit, zutreffen? Ich zähle sie noch einmal auf: Präparation, Inkubation, Inspiration, Verifikation. Also: Vorbereitung, Heranreifen, »Erleuchtung« und Überprüfung.*

EF Glücklicherweise sind diese Dinge einem natürlich so weit in Fleisch und Blut übergegangen, daß man sie bei einem Schaffensprozeß gar nicht bemerkt, sondern erst nachher feststellen kann. Sonst wäre man etwa in der Situation eines Läufers, der sich beim Laufen überlegen muß, welche Muskelstränge er gerade benutzt. Er würde niemals ans Ziel kommen. Aber das beweist nicht, daß diese Elemente nicht da sind. Ich glaube im Unterschied zu vielen modernen Literaturkritikern, daß erstens einmal die Inspiration ein unabdingbarer Bestandteil des Dichtens ist und daß sie natürlich nicht ganz unlenkbar ist; daß einem Menschen, der seine Einfälle respektiert und festzuhalten versucht, auf die Dauer mehr Einfälle kommen werden, genauso wie einem Menschen, der in einer Psychoanalyse mit dem Analytiker kooperiert, nach dem Erwachen mehr von seinen Träumen im Gedächtnis bleiben werden als es ihm sonst geschehen wäre. Aber von den Einfällen bleiben wir abhängig.

MC *Erich Fried, Sie haben viele Autoren gekannt, vor allem in London; Sie sind aus der internationalen Emigrantenszene ebensowenig fortzudenken wie Elias Canetti; Sie haben ihn als einer der ersten im deutschen Sprachgebiet eingeführt, mit dem Band ›Die Welt im Kopf‹ schon 1962. Sie erwähnen dort Canettis »schöpferische Hilfe« für andere Künstler aus aller Welt. Kennen Sie sich schon aus Wien?*

EF Das Vorwort zu dem Band hat eher die Veza geschrieben; ich habe es nur überarbeitet. Aber das ist geheim; Sie hat gesagt, sie will nichts von sich veröffentlicht haben, ehe der Canetti die gebührende Anerkennung gefunden hat. Ich meine, jetzt, wo er so berühmt ist, sollte er irgendwas tun. Ich bin ein bißchen traurig, daß Canetti nicht sehr viel unternommen hat, um die Manuskripte seiner Frau Veza, Venezia Canetti, die gestorben ist und die er sehr geliebt hat, zu veröffentlichen.* – Was ich ungemein schätze an ihm, sind die autobiographischen Erinnerungen, zum Beispiel die Sachen aus Wien in den zwanziger Jahren; das meiste kann ich ja aus persönlichen Erfahrungen nachprüfen, weil meine Kindheitserinnerungen, auch meine politischen, auch das Jahr 1927, recht präzise sind. Und es ist kein Wort falsch gesetzt von ihm! – Er kann manchmal Menschen gegenüber für mein Gefühl etwas hart und mehr auf das Groteske als auf die Erfassung der ganzen Persönlichkeit bedacht sein. Zum Beispiel der österreichische sehr gute Lyriker Theodor Kramer, von dem er vor allem eigentlich dessen Gefräßigkeit erinnert. – Das Bedeutende am Canetti ist sein ungeheuer gutes Erinnerungsvermögen, sein großes Wissen, und daß er die Dinge aus den verschiedenen Wissensbereichen auf schöpferische Art *zusammendenkt*. Ich schätze ihn ungemein, ich bin traurig, daß er sich durch irgendeinen Mechanismus in ihm den Weg zum Schreiben dessen, was der Engländer »fiction« nennt, also eines imaginativen Romans wie die ›Blendung‹, irgendwie versperrt hat. Natürlich nicht vollständig versperrt hat. Er sagt, daß er noch andere Manuskripte dieser Art liegen hat, aber ich weiß nichts davon, wie die aussehen.

MC *Erich Fried, Sie haben gesagt, man könne Inspiration durchaus steuern, z.B. durch hilfreiche, unterstützende Rituale. Ich möchte Ihnen nun neun Fragen vorlegen, die Magnus Hirschfeld 1928 vielen Schriftstellern gestellt hat; damals haben darauf geantwortet: Thomas Mann, Heinrich Mann, Robert Musil, Alfred Döblin, Leonhard Frank, Bruno Frank, Jakob Wassermann, Emil Ludwig und Stefan Zweig. Die erste Frage lautet:* »Erste Inspiration: *Können Sie uns merkwürdige Beispiele nennen, wie Ihnen der erste Einfall zu einem Werke kam?«*

EF Ja. Der erste Einfall zu meinem ersten Wortspiel-Gedicht; ich habe eine Zeitlang sehr intensiv etwas betrieben, das ich »ernsthafte Wortspiele« nannte. Ich war in Wien mit einem Mädchen aufgewachsen, die eine junge Keramikerin war. Als sie nach England flüchten mußte – ihr Vater war Jude, ihre Mutter Nichtjüdin, was Hitler »Halbjude« genannt hat also. Ein Junge, in den sie und der in sie verliebt war, war ein

* Postum ist Erich Frieds Wunsch erfüllt; im Frühjahr 1990 erschien der Roman von Veza Canetti ›Die gelbe Straße‹, Carl Hanser Verlag, München. (M. C.)

Nazi. Aber seine Liebe war ihm wichtiger als seine Weltanschauung. Er kam nach England, wollte lieber Flüchtling werden, als in Deutschland ohne sie zu leben, und wollte sie heiraten. Ihr Vater hat das verhindert. Der Junge fuhr schließlich verzweifelt nach Deutschland zurück. Das Mädchen verfiel in tiefe Depression und hatte dann einen schizophrenen Schub. Mittlerweile war der Krieg ausgebrochen. Der Vater schlug sie, wenn sie Dinge sagte, die sich deutlich als schizophrene Phantasien herausstellten. Ich machte ihm deshalb Vorwürfe. Als sie nach Ausbruch dieses Schubs Töpferarbeiten machte und Figuren zu machen versuchte, sagte sie zu mir: »Erich, es gibt gewisse Arten von Ton. Ton – Ton – die hört man eben in der Nacht.« Da war sie vom »Ton«-Material zum »Ton«-Klang abgeglitten, was Schizophrene oft tun, und sagte dann: »Und weil wir doch als feindliche Ausländer unsere Radioapparate abgeben mußten, denke ich, man könnte aus diesem *Ton* Figuren machen. Die könnte man bei sich zu Hause aufstellen, und die sagen ganz interessante Dinge, die man als Kind gedacht hat oder die man jetzt denkt, aber sich nicht zu sagen traut.« – Das hat mir das Herz im Leib umgedreht, diese Mischung von Versuch, den Existenzkampf der Emigranten fortzusetzen, und dem gleichzeitigen Einsetzen des schizophrenen Schubs. Sie kriegte dann eine Insulin-Schock-Behandlung, und da man nicht wußte, daß man dabei gegen grippöse Erkrankungen fast keinen Widerstand hat, ist sie gestorben. Dann hab' ich mein erstes Wort-Spiel-Gedicht gemacht; das hieß ›Ton‹:

Krug war der Krug schon lange vor dem Zerschellen,
nur nicht so ganz wie ganz zuletzt im Vergehn.
Kann nur fallender Ton in uns tönend geschehn?
Kann uns wirklich nur helles Zerklirren erhellen?

Und nur der Krüge? Nahn wir noch zärtlich genug
trotz der Gewöhnung den andern, mit denen wir wohnen?
Scheint uns die Rundung an jenen belebteren Tonen
schön und zum Schonen, schon eh unsre Hast sie zerschlug?

Das war der Anfang eines Sonetts, das durchaus noch von rilkescher Diktion beeinflußt war.

MC *Und nun die zweite Frage: »Wie fixieren Sie den ersten Einfall? Haben Sie ein Notizbuch bei sich und denken Sie intensiv an Ihren Plan oder suchen Sie sich eher abzulenken?«*

EF Ich schreibe mir Einfälle, wann immer möglich, sofort auf. Sonst versuche ich, sie zu memorieren. Aber intensiv an einen Plan denken, längere Zeit hindurch, tu ich eigentlich nicht, sondern ich denke erst wieder intensiv dran, wenn ich mich mit meinen Notizen hinsetze.

MC *Die dritte Frage:* »Arbeitszeit. *Arbeiten Sie zu bestimmten Stunden oder Tageszeiten? Zwingen Sie sich zur Arbeit, auch wenn Sie keine Lust haben? Brechen Sie ab, auch wenn Sie Lust haben, weiterzuarbeiten?*«

EF Ich breche nie ab, wenn ich Lust habe, weiterzuarbeiten. Das halte ich sogar für ein Symptom, das von Lust-Angst kommt, wie sie Menschen, etwa kurz vor einem Orgasmus, oft haben, so daß sie knapp vorher stoppen und irgendein körperliches Störgefühl haben, Juckreiz zum Beispiel. Ich glaube, daß es in der Literatur etwas Analoges gibt: da manche Dinge gegen große Widerstände aus uns herausgeholt werden, gibt es so etwas wie Angst, die einen gerade vor dem wirklich entscheidenden Ausdruck verstummen läßt. Ich arbeite, sowie mir etwas eingefallen ist. Ich stehe sogar, wenn mir eine größere Idee zu einem Gedicht kommt oder zu einem Gedichtzyklus, fluchend auch um drei Uhr nachts auf und setze mich an die Schreibmaschine. – Kleine Notizen mache ich mit der Hand. Ich schreibe Rohschriften fast immer mit der Schreibmaschine; es ist viel leichter, ein maschinegeschriebenes Gedicht zu korrigieren als ein handgeschriebenes. Als es noch keine Schreibmaschine gab, haben Dichter sich ihre Notizen oft flüchtig mit der Hand gemacht; wenn sie aber ihr Gedicht korrigieren wollten, haben sie in Schönschreibekunst, in Kalligraphie, das Gedicht abgeschrieben, um es mehr objektiviert vor sich zu sehen.

MC *Die vierte Frage:* »Arbeitsmaterial? *Haben Sie bestimmte Gewohnheiten, was die Art und Anordnung des Schreibmaterials und der Schreibutensilien betrifft? Können Sie überall arbeiten? Wo am besten?*«

EF Am besten kann ich in meinem Arbeitszimmer arbeiten, weil ich alle möglichen Nachschlagewerke habe. Aber ich kann an sich überall arbeiten, wenn mir etwas einfällt. Übersetzen kann ich natürlich nur, wenn ich meine Nachschlagewerke da habe, sonst kann ich nur eine Rohübersetzung machen. Ich hab' ja viele Übersetzungen gemacht, Dylan Thomas und Shakespeare und Sylvia Plath. – Was Art oder Anordnung betrifft: ich hab' gern meine Bleistifte, mehrere Bleistifte, besonders weiche Bleistifte, auch zum Korrigieren mit der Hand; aber ich bin nicht davon abhängig. Von meiner Schreibmaschine bin ich abhängig. Ich habe versucht, Tonbandgeräte zum Diktieren zu benutzen; ich komm' nicht gut damit zu Rande. Gedicht oder Prosa schreib' ich mir lieber auf.

MC *Die fünfte Frage:* »Arbeitshygiene: *Enthalten Sie sich während intensiver Arbeit von bestimmten Genüssen und verschaffen Sie sich bestimmte Genüsse (Stimulantien)?*«

EF Ich habe mich dabei ertappt, daß ich beim intensiven Schreiben und Übersetzen Hunger kriege und Brot esse, besonders gern trockenes Brot, das gesalzen ist. Hab' ich kein trockenes Brot, so tut's auch Schokolade oder Halva. Ich enthalte mich keiner Genüsse, aber da ich weder rauche noch eigentlich trinke, so gibt's nicht viele Enthaltsamkeiten. Ich habe mich aber gelegentlich dafür belohnt, daß ich dachte, ich darf, wenn ich gut gearbeitet habe, meine Frau fragen, ob sie nicht gern Liebe machen möchte.

MC *Besonders verständlich. – Jetzt zur Frage sechs: »Machen Sie* Brouillons *(Entwürfe)? Wie ist die Technik dieser Brouillons?«*

EF Ich mache sehr selten Entwürfe. Ich bin darauf gekommen, daß es meist beim Entwurf bleibt, wenn ich zuviel entwerfe. Für Kurzgeschichten oder Gedichte brauch' ich ohnehin keinen Entwurf, auch nicht für Gedichtzyklen. Die kommen als Einfälle. Wenn ich Dramen entworfen habe, so war es mir sehr schwer, solche Dramen zu schreiben. Für ein Essay, etwa über den gegenwärtigen Zustand der deutschen Lyrik, mach' ich mir kurze Aufzeichnungen, Schlagworte. Ob ich nachher alles verwende, weiß ich nicht. Ich muß mir die Freiheit jederzeit lassen, später davon abzuweichen, ohne ein schlechtes Gewissen zu haben; sonst fesselt man sich zu sehr.

MC *Siebentens:* »Das Manuskript: *Schreiben Sie schnell herunter oder langsam und mühevoll? Korrigieren Sie während der Arbeit? Korrigieren Sie nach Fertigstellung? Oder gar nicht?*«

EF Wann immer ich kann, schreibe ich ohnehin in die Maschine, weil ich zu mühsam mit der Hand schreibe und weil es dann schlecht zu korrigieren geht. Ich korrigiere das Nötigste während der Arbeit, versuche aber möglichst schnell, meine Einfälle niederzuschreiben; ich korrigier' nachher sehr ordentlich. – Das schnell entstandene Manuskript korrigier' ich nachher sorgfältig und manchmal später zum zweiten, dritten, vierten Mal. – Vielleicht noch einen Satz dazu: Ich glaube, daß im schnellen Schreiben und erst nachher gewissenhaft Korrigieren eine Art Respekt und Vertrauen gegenüber seinem ursprünglichen Einfall steckt und daß es sehr gut ist, weil dann die Einfälle nicht so leicht austrocknen wie bei einem Menschen, der seinen eigenen Einfällen gegenüber respektlos ist und ihnen ausbeuterisch gegenübersteht.

MC *Die achte Frage:* »Korrekturfahnen: *Ändern Sie noch viel und Wesentliches in den Korrekturfahnen?*«

EF Je nachdem, wie ich zu dem Text gestanden bin. Im allgemeinen nicht viel. Aber wenn mir ein größerer Fehler auffällt, kann ich nicht umhin, ihn zu korrigieren, auch wenn ich die Kosten dafür zu tragen habe.

MC *Die neunte und letzte Frage: »Lesen Sie das* fertiggestellte Buch *noch einmal? Ärgern Sie sich sehr über (scheinbare oder wirkliche) Unvollkommenheiten? Haben Sie oft Lust, es noch einmal zu schreiben?«*

EF Nein, ich glaube nicht, daß man ein schon einmal geschriebenes Buch noch einmal schreiben darf, weil man nicht mehr derselbe Mensch ist. Wenn mir ein Buch oder ein Gedichtband gedanklich Mängel zu haben scheint, weil ich jetzt, wenn es zu einer Neuauflage erscheinen soll, über einiges anders denke, dann schreibe ich an den betreffenden Stellen ein Gegengedicht.

NINO ERNÉ

»Städte werden zu Hauptpersonen«

Nino (eigtl. Giovanni Bruno) Erné wurde 1921 in Berlin geboren; er wuchs in Deutschland und in Italien auf. Das Studium der Philologie schloß er mit einer Dissertation über ›Die schwebende Betonung als Kunstmittel in der Lyrik (am Beispiel Rainer Maria Rilke)‹ in Berlin 1944 ab; 1956 erschien seine Untersuchung über die ›Kunst der Novelle‹. Nino Erné bewegte sich zwischen mehreren europäischen Ländern und zwischen mehreren Berufen: er war Schriftsteller, Dramaturg, Dozent, Übersetzer, Filmautor; er lebt als Homme de lettres mit Frau Tatjana aus Kiew in Mainz. Außer Gedichten, Kurzgeschichten, Essays, kleiner Prosa machte er Fernsehfilme, z. B. über Hermann Hesse, Karl Kraus, über Künstler in Italien, viele Filme über Italien während seiner sieben Jahre als Korrespondent des ZDF. 1976 und 1979 erschienen die Romane ›Nachruf auf Othello‹ und ›Kellerkneipe und Elfenbeinturm‹, 1987 die Novellentrilogie ›Kinder des Saturn‹. Der Vater stammte aus Triest, Italien zog Erné immer wieder an; literarische Zeugnisse davon sind u. a. der Roman ›Rom, ein Tag – eine Nacht‹ (1982) und die reise- und filmpoetischen Erzählessays ›Italien süß und sauer‹ (1975), auch als ›Italien – wie ich es sehe‹ (1982). In diesen Arbeiten setzt sich Nino Erné literarisch auch mit dem Filmemachen auseinander; optische Aufmerksamkeit prägt den Stil seiner Städtebilder. Das Detegere des geübten Rechercheurs der Tagebuchauszüge ›Weiße, schwarzgemusterte Flügel‹ (1986) führt zu bemerkenswerten poetologischen Aufschlüssen.

Aus *Nachruf auf Othello*, 1976

»Im Fieber hingekritzelt, gegen neun Uhr morgens.
Busse rot rollend und stampfend durch den Dschungel der Häuser. Uhrschlag Neun über Westminsterbridge. Spitzkantiger Turm, Obelisk, Säule des Monuments und Sankt Pauls Kuppel: golddunstumhüllt in den schrägen Strahlen des Morgens.
Schiffe klein unter Brücken auf träge treibendem Strom, haushoch die Straße kreuzend in versteckten Kanälen auf der Isle of Dogs, Nissenhütten und Wohnkasernen, Plunder und Preisschildermeer in schmutzigen Scheiben, Archie, nicht wahr? Commercial Road, Rolltreppeneinfahrt zu den Schächten der Bahn unter Tag.
Porzellanlächeln auf Möbeln von Chippendale in Mayfair, wenn die vornehmen Läden öffnen, wächserne Blicke gekrönt abgeschlagener Häupter bei Madame Tussaud, erste Touristen auf den Stufen der National Gallery bei den bronzenen Löwen, fest den Blick auf Whitehall und den Reiseführer...
Dunkler Drache von Fleet Street erhobenen Flügels zahnfletschend, Freunde, Kollegen, das Gehämmer der Schreibmaschinen, Tippfräulein, und die Schlänglein aus dem Maul des unendlich dahintickernden Telex, Telefonschlachten und die sich drehenden großen Zylinder der Druckereien. Durchzug des Richters durchs rote Omnibusmeer an den entbreiteten Armen des Bobbys entlang zwischen wartenden Wogen der Wagen, Flanagan und Verkäufer und Clerks, Bier und Sandwich und Wimpy, Uhrschlag hindröhnend Eins über Westminsterbridge. *Lunch Break.*
Halbblinde Augen über den Seiten einer uralten Handschrift unter der Kuppel des Lesesaals, Lord Elgins Marmor und Portlandvase, das Testament Shakespeares. Teetassen dampfend von braunem Getränk, *milk and sugar*, auf dem Nähtisch der Hausfrau und in den Hinterstuben der Läden und im Buckingham Palace – Uhrschlag Vier über Westminsterbridge. Junges Gesicht: goldlichtumhüllt in den schrägen Strahlen des Nachmittags, vorüberschwebend am Fluß, und darüber die Zipfelmütze Big Bens.
Rush hour, licensing hour, Einkehr der Einsamen in die endlich geöff-

nete heilige Londoner Kneipe, Public Bar und Saloon, des kleinen Mannes Parlament, Debattierclub des Adels, *Meeting* von arm und reich, Federfuchser und Spurenverfolger, Polizist, Informant, House of Lords, House of Commons, im Dunstkreis der Sympathie zwischen kupfernen Kesseln und erstem Scheit im Kamin, ausgestopftem Getier, Stichen von Hunden und Pferden, grünen Scheiben und warmdunklem Holz: Uhrschlag hindröhnend Sechs über Westminsterbridge.
Steinerne Ruhe der Häuser am Bedford Square, geschlossen das Gitter des Gartens, *Splendid Isolation,* und ein paar Straßen nur weiter – Lichter an den Palästen von Theatreland, Vorhang auf, Rampenlicht, Monolog und Duell auf der Bühne, die große Bewegung, mit der Ronald Adam Hut, Krone und Kranz sich vom Haupt reißt. Und gleich um die Ecke:
Lauernde Pimps und Shrimps und Koks und Spaghetti von Soho, Striptease in stickigen Kellern – Uhrschlag Acht über Westminsterbridge, Uhrschlag Neun, Uhrschlag Zehn...
Aber in Green Park und Regents Park und Hampstead Heath auf den grünweichen Rasen Englands liegen die unbezahlbaren Frauen, die freiwilligen Paare unter dunkelnden Wipfeln. Silbern weiß glühendes Haar. Über den Hügeln der Heide Geist.
Uhrschlag fernhin – Zwölf – über Westminsterbridge.«

MECHTHILD CURTIUS *Herr Erné, Sie sind Buchautor, Sie haben über Lyrik promoviert, sind also* poeta doctus, *Sie sind ein Mann des Films, des Fernsehens; noch ist das selten bei Schriftstellern. Wie konnten Sie die Berufe verbinden? Hat diese Vielseitigkeit stets ein fruchtbares Spannungsverhältnis bedingt, oder ist gelegentlich das eine dem anderen ins Gehege geraten?*

NINO ERNÉ Ja, ins Gehege geraten ist das Fernsehen meiner Schreiberei rein zeitlich. Auf der anderen Seite muß ich gestehen: das Fernsehen hat mich an den Füßen gepackt und ins tiefe Wasser geschmissen: da kriegte ich »Welt«, die auf mich zuströmte. Meine großen, umfangreichen Bücher sind alle erst entstanden, nachdem ich aus Italien hierher zurückgekommen bin. Ich bin jetzt seit vielen Jahren freier Schriftsteller.

MC *Die Film- und Fernseharbeit ist für das Schreiben, was für die Pilze das Myzel ist, woraus sich in der Transformation Literatur entwickeln kann. Es ist einfach Leben: eine Wirklichkeit, die sich verwandeln ließe.*

NE Ich habe das ungeheure Glück gehabt, daß sich während meiner intensiven Fernseharbeit soviel angesammelt hatte. Der erste Ausbruch der Produktivität passierte dann orkanartig und über mehrere Wochen.

MC *Schreiben Sie jeden Tag oder mit Pausen? Zu bestimmten Stunden? Haben Sie eine bestimmte Arbeitsdisziplin?*

NE Zu Zeiten, in denen ich ein Büro hatte, bin ich morgens um ½5 aufgestanden und habe erst einmal zwei Stunden geschrieben.

MC *Wie arbeiten Sie? Schreiben Sie mit der Hand, mit Schreibmaschine, benutzen Sie neue Technologien wie Tonband und Computer?*

NE Das letzte bestimmt nicht; ich hab's mal versucht, nein. Ich schreibe simpel mit der Hand; anders geht es gar nicht. Es muß so ein richtig schön fließender Füllfederhalter sein. Und den brauche ich, weil ich beim Schreiben unentwegt verändere. Dann korrigiere ich erst einmal mit der Hand, danach schreib' ich es zum erstenmal in die Maschine. Wenn ich das abgetippt habe, liegt es ein bißchen; später korrigier' ich nochmal; dann tippt meine Frau die dritte Fassung.

MC *Überarbeiten Sie oder schreiben Sie ganz neue Fassungen? Kann es sein, daß es vier, fünf, sechs neue Fassungen gibt?*

NE Es ist ganz selten, daß ich etwas völlig neu schreibe. Ich brauche diesen Urwald von durchgestrichenen und drübergeschmierten Geschichten, aus denen sich etwas herausdestilliert; so ist der Normalfall. Je jünger ich war, desto unbedenklicher habe ich gleich die erste oder zweite Fassung hinbekommen; je älter ich werde, desto länger arbeite ich an einer Fassung.

MC *Wenn Sie dieses »Geflecht« brauchen – optisch, ich kann mir vorstellen, daß es sogar etwas Taktiles ist, mit Ihrem Bewegungsdrang verbunden –, verstehe ich, daß Sie nicht mit dem Computer arbeiten können. Aber wie ist es mit Stimulantia, chemischer und oraler Art: rauchen Sie, trinken Sie Wein; ein orales Ritual beim Arbeiten, muß das sein?*

NE Während des Schreibens trinke ich nicht. Beim Denken manchmal. Beim Formulieren, beim Schreiben muß der Kopf klar bleiben. – Sie sprachen eben vom Taktilen: Georges Simenon, den ich für einen großen Romancier halte, hat ja, als er keine Romane mehr schrieb, ganze autobiographische Bücher in den Tonapparat diktiert. Da hat er festgestellt, daß ihm das keinen Spaß machte. Und als er sein dickstes, sein Erinnerungsbuch schrieb, brauchte er sogar wieder den Bleistift!

MC *Gibt es außerdem irgendwelche vorbereitenden oder begleitenden Rituale beim Schreiben? Sie haben eine »Dichterklause« unter dem Dach.*

NE Wenn Sie es »Dichterklause« nennen – ich sage immer nur »Spitzwegstübchen«. – Wenn ich mir etwas ausdenke, da ist das da oben weitab vom Schuß; ich werde abgeschirmt gegen die Außenwelt. Das ist wichtig. Das war auch dem von mir so geliebten Schopenhauer wichtig: in dem Moment, wo Krach auf der Straße war, konnte er nicht mehr schreiben. Ruhe, das ist eine Vorbedingung! Am besten schreibe ich nicht zu Hause, sondern, wenn es wirklich zum Schwur kommt, wenn ich merke, jetzt geht es los, das werden hundert Seiten, dann fahr' ich weg! Und zwar besonders gern auf eine Nordsee-Insel oder an die Ostsee mit dem Blick auf Dänemark, an die Flensburger Förde. Da habe ich nichts: keine Anregung, keine Menschen, meine Bücher nicht, meine Schallplatten nicht: entweder ich komme mit der Muse zurecht, oder ich kann wieder nach Hause fahren!

MC *Eine neue Version des Umgangs mit Reisen! – Sie brauchen also die Reise nicht zur Überbrückung einer »unfruchtbaren Phase«, sondern gerade in einer fruchtbaren! Wenn Sie merken, daß »es anwächst«, daß »es eskaliert«, dann gehen Sie auf Reisen in die Ruhe?*

NE Das ist das Wesentliche – *in die Ruhe!* Auf den *richtigen Reisen* speichere ich »Welt«. Wichtiger noch als die Reisen sind für mich die Städte, zu denen ich ein ausgesprochen erotisches Verhältnis habe. Es gibt den schönen Satz meines französischen Lieblingsautors Valery Larbaud, von dem ich zwei Bücher übersetzt habe: »J'ai des souvenirs de villes comme on a des souvenirs de femmes« (»Ich habe Erinnerungen an Städte, wie man Erinnerungen an Frauen hat«). London, Aix-en-Provence, Hamburg, Berlin, Rom ganz stark – das sind die wesentlichen Städte meines Lebens, und die kommen in irgendeiner Weise und nicht nur als Hintergrund auch in meinen erzählerischen, nicht nur journalistischen Arbeiten vor: Städte werden bei mir zu Hauptpersonen von Romanen.

MC *Ja, es ist eine Liebesbeziehung! Ich kenne sie aus Ihren Büchern, und ich kenne sie von mir, dann müßte ich »Villes« ergänzen um »Paysages« – Landschaften. Bei Ihnen sind es Stadt-Landschaften.*

NE So ist es!

MC *Die Stadt als Stadt-Landschaft und als ein atmendes Wesen. Ihre Triest-, London-, Venedig- und Rom-Veduten sind einerseits Liebe, andererseits Schreiben und Phantasieren, wobei ich an dieses Verhältnis von einerseits Liebe, andererseits Phantasie im Gegensatz zur realen Liebe von* Tuzzi *im Rom-Roman denke: läuft das in* Erné *zusammen?*

NE Da muß man sehr aufpassen. Sie kennen, da Sie selbst schreiben, die ewige stereotype Frage: Sind die Figuren aus dem Leben genommen oder haben Sie sich die ausgedacht?

MC *Dafür wird es dieses Buch geben, das aus diesen Gesprächen besteht: dieser Frage wegen.*

NE Deswegen komme ich auf Tuzzi: erstens gibt es Autoren, die ihre Figuren stärker aus der Phantasie ziehen, wie etwa Ernst Penzoldt, den ich noch gut gekannt habe; umgekehrt sind bei Thomas Mann fast alle Gestalten aus irgendeiner Wirklichkeit oder aus der Geschichte genommen und dann natürlich entwickelt, gesteigert. Bei mir geht das beides nebeneinander her oder ineinander über. Um dieses Beispiel Rom-Buch zu nehmen: darin gibt es Figuren, die hab' ich mir allein aus den tintigen Fingern gesogen; es gibt andere, in denen mischen sich verschiedene Menschen, die ich gekannt habe: die bekommen noch ein paar Farbtupfer von der Phantasie dazu. Es gibt nun gerade in dem Rom-

Roman, der ja übersetzter Extrakt aus dem Erfahrungsbuch ›Italien - wie ich es sehe‹ ist, und der aus den sieben Jahren Italien *einen römischen Tag und eine römische Nacht* destilliert; da gibt es Figuren, die ich fast dem Leben abgeschrieben habe. Der Tuzzi ist so einer. Der Tuzzi bin in keiner Weise ich; ich stecke in anderen Figuren, zum Beispiel in der Filmemacherin ein bißchen. Aber im Tuzzi nicht. Der Tuzzi ist genauso – fast verletze ich da seine Intimsphäre – wie der große Erzähler Dino Buzzati, der ein Freund von mir wurde, den ich als Dichter kannte, seit ich kurze Hosen trug, den ich kennengelernt habe in meiner römischen Zeit und den ich genau so aus seinen Büchern, aus seiner Erscheinung, aus seinem Leben in seiner Wohnung in Mailand gekannt habe. Und den habe ich, so wie ich ihn gesehen und erlebt habe, in dieses Buch gesetzt. Schon wenn wir den Namen nehmen: *Bárnabo Túzzi – Díno Buzzáti!*

MC *Wichtig für die Thematik unseres Gesprächs ist die Bedeutung der Phantasie. Sie haben Thomas Mann erwähnt, der »das Recht des Dichters, die Wirklichkeit zu benutzen« gefordert hat. In Ihrem Rom-Roman habe ich als eines der möglichen »alter ego« die Filmemacherin entdeckt, durch das, was sie über ihren schöpferischen Prozeß denkt: »Irgendwann machte es ›klick‹ und der Motor in ihr sprang an.« Dazu* fällt einem ein: *»Inspiration« – der »Hauch«, die »Eingebung«, der »Einfall«. Eine Filmemacherin, die mit Motoren zu tun hat, gebraucht als Metapher – diesen Motor! Ich habe beobachtet, daß das Unbewußte eine Arbeitsinstanz ist, und auch ein Psychoanalytiker, mit dem ich ein dem unseren vergleichbares Gespräch geführt habe, spricht in Zusammenhang mit dem Unbewußten von dem »seltsamen Mechanismus Mensch«.*

NE Das haben Sie sehr richtig verstanden, daß die Filmemacherin gerade vom »Motor« spricht, weil sie ja mit technischen Geräten zu tun hat. Diese Frau – zum Teil habe ich sie mir phantasiert, zum Teil von einer lieben italienischen Kollegin übernommen – und ihre Erfahrungen sind natürlich meine, und gerade das mit dem »Klick«-Machen, das ist immer bei meiner Filmarbeit geschehen; das würde ich für das Bücherschreiben nicht so ausdrücken. Aber beim Filmemachen ist es immer so; irgendwann, nachdem man wie ein Schwamm erst einmal an Eindrücken in sich hineingesaugt hat, was irgend mit einer Stadt, einem Ort, einem Thema, einer Landschaft zu tun hat, versucht man später zu ordnen. Und irgendwann macht es »klick«.

MC *Viele Autoren schildern das sogenannte »Aha« – oder »Heureka-Erlebnis« ähnlich! Für den Buchautor ist wichtig, was aus der Imagi-*

nation hinzukommt; der Filmemacher, sofern er Fernsehdokumentation macht, ist auf das angewiesen, was da ist! *»Ich kann viel erzählen«, lassen Sie die Filmemacherin sagen, »aber im Film muß ich hernach doch ein wie auch immer durch die Kamera verschönertes oder verändertes Bild realiter* finden.« *Das ist ein Stachel, ein Anreiz. Beim Romanschreiben kommt etwas dazu.*

NE Das wird jetzt viel schwieriger. Also erst einmal: bei meinen Büchern macht es nicht »klick«. Sondern es gibt immer irgendwelche Szenen, die vor mir stehen und dann lange Zeit in mir schlummern, bis ich sage, du müßtest es schreiben. So »sah« ich, wie der Professor im Hamburger Roman sein Arbeitszimmer, also seinen »Elfenbeinturm«, zertrümmert, oder wie »Donna Anna« das Kostüm ihres toten Vaters vor dem Spiegel anlegt, um sich in den Steinernen Gast zu verwandeln. Im Gegensatz dazu gibt es Parallelen, Verknüpfungen, die völlig von selbst entstehen. Das Rom-Buch beginnt mit der Hauptfigur, die übrigens völlig erfunden ist, diesem Carabinieri-Offizier: er liegt krumm am Busen seiner Frau, nachts um halb drei, so beginnt das Buch, und es endet mit haargenau demselben Bild, demselben Mann, verblutend in derselben Haltung auf dem Boden eines Platzes in Rom liegend; wenn Sie wollen, am »Busen« entweder der »Mutter Erde« oder der »Mamma Roma«. Das ist eine Entsprechung, die ich beim Schreiben gar nicht bemerkt hatte.

MC *Sie sind Wissenschaftler und werden sich nicht empören, wenn ich Ihnen mit einer Systematisierung über diese schwebenden Symptome komme und mit Begriffen, mit denen Wissenschaft sich helfen muß. Da gibt es vor allem das Vier-Phasen-Modell: 1. Präparation – Vorbereitung, 2. Inkubation – Heranreifen, 3. Inspiration – »Erleuchtung« – der »Klick«, 4. Verifikation – Überarbeitung oder Kontrolle. Würden Sie diese Phasen bestätigen, modifizieren oder widerlegen?*

NE Ich würde die Inspiration an den Anfang setzen, das, was ich nenne: die *eine Idee,* der *eine Gedanke,* die *eine Situation.* Die Vorbereitung ist das, was wir beim Filmemachen »Recherchen« nennen, Eindrücke, die man zusammenkarrt. Oder, wenn Sie die Anfangsstadien ganz in die Phase des Unbewußten verlegen, könnte ich zustimmen: unbewußt sauge ich irgend etwas auf, was sich dann in mir vorbereitet, und eines Tages zu einer Initialzündung führt.

MC *Ich meine – die Phasen habe ich mir nicht ausgedacht –, daß sie Hilfsmittel einer Systematisierung sind und eigentlich einen Kreislauf bilden; jeder kann entscheiden, wann und wo er einsteigt. Es ist ein Kunstmittel, mit dem Wissenschaft arbeiten muß.*

NE Ich gehe an diese Dinge immer ganz konkret heran. Ich gehe weniger gern von Begriffen aus; je konkreter ich es mit Beispielen zeigen kann, desto glücklicher bin ich.

MC *Ich habe noch eine Schlußfrage, die geht, ein bißchen ironisch, auf die Haltung eines Lebens als Schriftsteller ein. Da gibt es solche, die für das Exzessive sind, andere bevorzugen das Stille: Thomas Mann ist ein Beispiel für das letztere, Rimbaud oder Verlaine sind vielleicht Beispiele für das erstere. Und Rilke hat folgende Sätze gesagt: »Ein Dichter muß alles erlebt haben«, dann aber auch: »Ein Dichter muß sein Leben zuwachsen lassen wie einen alten Weg.«*

NE Schön! Das ist ein sehr schönes Bild! Bei mir ist das mein Leben lang ein starker Wechsel gewesen. Wenn ich stark lebe und erlebe, dann schreibe ich nicht. Wenn ich schreibe, kapsele ich mich, soweit ich irgend kann, ab. Ich könnte mir für mich nicht ein Leben von der Art Thomas Manns vorstellen, das sich am Schreibtisch und in der Repräsentation erfüllte, wie er selbst gesagt hat; alle Abenteuer erlebte er in seinem Innern. Das Umgekehrte würde ich für mich auch nicht in Anspruch nehmen. Die rauschhaft-exzessiven Dinge sind zeitweilig notwendig und gut, aber nicht als Stoffsammlung. Bei Verlaine sieht man ja, daß sein exzessives Leben ihm viel genommen hat und daß er seine schönsten Gedichte in der Jugend geschrieben hat. Und Rimbaud hat sogar als ganz junger Mensch aufgehört zu schreiben. Das Leben hat die Dichtung kaputtgemacht. Bei Verlaine nicht, Verlaine wurde zum Schluß Prince des poètes und saß beim Absinth im Café in Paris; die jungen Dichter verehrten ihn, und die Gassenbuben schmissen mit Dreck nach ihm. Ich glaube, eine Regel gibt es dafür nicht. Denken Sie an Mallarmé, der als braver Englischlehrer sein Leben lang wie ein Beamter sein Geld verdient hat, dann nachts am Schreibtisch saß, und dabei passierten diese Dinge auf dem Papier! – Also bei mir geht's so oder so, wie mit dem Reisen. Ich kann nicht eine herrliche Reise machen, die mir neue Eindrücke gibt, und gleichzeitig schreiben. Entweder ich mache eine Reise oder ich schreibe, und dann »Laß o Welt, o laß mich sein!« Ringsherum eine Glocke aus Stille, die stelle ich mir irgendwie her.

WOLFGANG BÄCHLER

»Ein Gedicht zwingt mich, die Wirklichkeit in den Wortgriff zu bekommen«

Er wurde 1925 in Augsburg geboren, war zwischen 1943 und 1945 als Soldat in Frankreich und Italien, fast noch ein Kind; Alp-Traum und Angstdepression kann das erzeugen. Wolfgang Bächler hat nach dem Krieg vorübergehend Literaturwissenschaft, Geschichte und Romanistik in München studiert und sich ab 1948 als Funk- und Presse-Journalist ernährt. 1956 ist er nach Paris und 1962 ins Elsaß gegangen, hat eine französische Ärztin geheiratet; die Neigung zu Frankreich prägt viele seiner Gedichte. Seit 1967 lebt er in München. Das Gespräch wurde in Bächlers Wohnung geführt, in der Münchner Steinheilstraße unter dem Dach, an einem glutheißen Augustnachmittag, in den winzigen »Räumen aus Rauch« und Schwermut. Noch schleppt die Stimme und hängt die Miene des soeben aus der Klinik Zurückgekehrten; er belebt sich, wenn er erzählt, sogar bis zum lauten Lachen. Wolfgang Bächler war jüngstes Mitglied der ›Gruppe 47‹ und Mit-Vorbereiter des VS Schriftstellerverbandes; er hat in seinen tätigen Phasen immer unmittelbaren Anteil am politischen Leben genommen. Von Bächlers Gedichten seit den vierziger Jahren sind bekannt die Lyrikbände ›Die Zisterne‹ (1950), ›Lichtwechsel‹ (1955), ›Türen aus Rauch‹ (1963), ›Ausbrechen‹ (1976), ›Nachtleben‹ (1982), an Prosa ›Stadtbesetzung‹ (1979) und ein Roman ›Der nächtliche Gast‹ (1950). Einige seiner aus dem Traumproteismus vertrauten Bilder führen zu den ›Traumprotokollen‹ (1972) und zum Buch ›Im Schlaf. Traumprosa‹ (1988). Doppelsinn von Lebens- und Todeslust- und -angst, in einer einzigen nächtlichen epikureischen »Henkersmahlzeit« geballt, spielt Bächler zum Wortspiel-Roman aus: ›Einer der auszog, sich köpfen zu lassen‹ (1990).

Nüsse

Für Margarethe und Volker Schlöndorff
(Donnini, Herbst 1974)

Das blonde Haar der Toten
wächst aus der harten Erde,
vergilbt zu unseren Füßen.
Der Nußbaum wirft uns
welke Blätter zu.

Doch in den Nüssen
bilden sich Gehirne aus.
Bald werden wir die Schädel knacken,
die Gehirne aus den Schalen lösen
und zerbeißen, Geschmack
der Weisheit dieser Erde auf der Zunge.

Mein Baum

Als ich einschlief, dachte ich,
es wäre eine Bronchitis
oder ich hätte nur zuviel geraucht.

Doch dann wuchs mir
ein Baum aus der Brust,
verzweigte sich, trieb Blätter.
Vögel setzten sich auf die Äste,
fingen zu zwitschern an.

Die Wurzeln umklammerten mein Herz,
drangen ein in seine Kammern.
Es schlug durch den Stamm
hinauf bis in die letzten Zweige.
Mein Blut nährte den Baum,
füllte die Adern der Blätter
und er atmete mit mir aus und ein.

Wie sollte ich je wieder aufstehen können
mit diesem Baum in der Brust?
Wie durch die Türe gehen?
Leichter wächst da mein Baum
durch die Zimmerdecke, durch das Dach.
Ja, nur so kommen wir aus dem Haus.

MECHTHILD CURTIUS *Wolfgang Bächler, das, was Menschen und Pflanzen verbindet, wächst in Ihren Gedichten zusammen: so spielen Sie mit der optischen Ähnlichkeit der Form des Gehirns und der des Walnußkerns. Und der Baum wird schon vor den Zeiten zunehmenden ökologischen Bewußtseins mit dem Leben gleichgesetzt. Viele Ihrer Metaphern haben Elemente des Traumes. In den Werken mehrerer Autoren wird deutlich, daß sie Bilder des Traumes samt dessen eigenartiger – »proteistischer« – Verwandlungstechnik verwenden: erst ist es ein Tisch, dann ist es ein Bett, dann ist es ein Sarg. Diese Phänomene gibt es in der Literatur und gibt es im Traum; Freud hat ja versucht, beider Gemeinsamkeiten im Unbewußten nachzuweisen. Da es, wenn man dem nachgeht, wie Literatur, wie Kunst entsteht, immer um dieses Unbewußte als einem seltsamen Mechanismus, als einer Arbeitsinstanz im Menschen geht, die noch sehr wenig erforscht ist, scheint es mir wichtig, sich vor allem mit Ihnen über das Träumen zu unterhalten; denn Sie scheinen mehr darüber zu wissen als die meisten Autoren. Sie haben sich wohl früh geübt oder sich vielleicht auch gezwungen, wie die »Traumgrafen« Maury und Moreau »aus dem Traum zu schreiben«, vielleicht auch im Halbschlaf aufzuschreiben? Und in Ihrem Buch ›Im Schlaf. Traumprosa‹ gibt es eine Traumerzählung: träumerische Elemente werden direkt in Dichtung weiter transformiert:*

»Nacht vom 17. zum 18. März 1972
Ich bin in einem alten großen Haus mit vielen Stockwerken und vielen Treppen nach allen Seiten, bin im obersten Stock bei einer dicht gedrängten Zusammenkunft, einer großen Versammlung. Plötzlich fallen alarmierende Rufe und Schreie den Rednern ins Wort, bricht Panik aus, weil die Treppen nach und nach absatzweise zusammenstürzen. Die Menschen stürmen die Türen und Flure, suchen Hintertreppen, verborgene Aufgänge. Ich gelange auch durch das Getümmel bald auf einer Seiten-, bald auf einer Hintertreppe noch ein Stück hinunter, während die Treppenabschnitte vor und hinter, unter und über mir teils krachend auf einmal, teils stufenweise abbröckelnd einstürzen.

Ich sehe schon einzelne, die sich mit einem Seil aus einem Fenster auf die Straße hinunterlassen, sehe sie baumeln, das Seil ist zu kurz. Andere suchen nach weiteren Seilen. Ich habe immer größere Angst.
Ich finde noch eine geheime Dienstbotentreppe, auf der ich wieder ein Stockwerk tiefer gelange. Dort begrüßen mich Zimmermädchen (es ist offenbar ein Hotel), die mich in eine Falle locken. Sie zeigen mir breite runde Treppen, die mich nur eine halbe Etage tiefer führen, und dann sehe ich, finde ich keine Treppen mehr. ›Nehmen Sie doch dort ein Zimmer‹, rufen die Mädchen hämisch herunter. Ich öffne eine Tür nach der anderen. Sie führen alle in Zimmer, keine auf eine Treppe. Auch die letzte, auf der ich in diese Etage hinabgestiegen war, ist inzwischen zusammengebrochen.«

WOLFGANG BÄCHLER Ich habe diese Traumerzählung, wie alle meine Aufzeichnungen, gleich nach dem Traum, also beim Erwachen, mehr oder minder im Halbschlaf, aufgeschrieben, also in ein Heft gekritzelt und habe beim Schreiben in die Maschine für das Buch höchstens aus Anakoluthen oder Stichworten ganze Sätze gemacht, nichts inhaltlich geändert oder hinzugefügt.

MC *Das heißt, daß Sie ein geübter Träumer sind. Ich weiß von mir selbst, daß man, wie Freud angenommen hat, das Träumen bedingt üben kann. Haben Sie damit auch schon in der Kindheit angefangen? Können Sie am Tage vorher Einfluß nehmen auf den Traum, der kommen wird?*

WB Nein, ich nehme nicht am Tage vorher Einfluß; höchstens der Tag vorher, also das Tagesgeschehen selbst, die Tagesreste, tun das. Und geübt habe ich das Aufschreiben und Merken von Träumen nicht von Kindheit an, sondern erst, als ich Psychoanalyse machte und Träume liefern mußte. Daraus entstand dann eine Übung.

MC *Haben Sie da eine Veränderung bemerkt, durch dieses Üben, diese konzentrierte Aufmerksamkeit, nachdem Sie angefangen hatten, kontinuierlich Ihre Träume aufzuschreiben? Etwa, daß Sie sich besser erinnern konnten?*

WB Nein, es ging weiter so, und es geht mir heute noch so: Wenn ich nicht gleich aufschreibe, wenn ich nur rausgehe, dann ist der Traum schon weg.

MC *Es muß also das berühmte Heft mit dem Stift am Bett liegen, damit Sie im Halbschlaf noch aufschreiben können?*

WB Ja.

MC *Haben Sie beobachtet, ob diese Aufmerksamkeit sich ausgewirkt hat auf Ihr Erzählen? Ich meine: ob Ihre Prosa etwas Traumartiges bekommen hat? Ob die Häuser, die Passagen, das Reisen auf eine traumartige Weise wiederkehren, manchmal wie durch einen Schleier gesehen? Man merkt den wechselseitigen Einfluß bei Ihren Gedichten und Träumen, jedenfalls die gleiche Herkunft aus der Arbeitsinstanz des Unbewußten.*

WB Ich glaube auch eher, daß es die gleiche Herkunft ist. Bei manchen Gedichten ist ein Traumelement eingeflossen, das mich dann inspiriert hat; das ist die gleiche Herkunft aus dem Unbewußten, der dichterische Einfall, die sogenannte Inspiration, ohne daß sie sich jetzt direkt aus den Träumen entwickelt hat. Außerdem haben die Träume eher sich wiederholende Bilder, Motive wie Angst und Flucht und Verfolgung und Gefangenschaft.

MC *Meinen Sie, daß das in den Träumen anderer auch so ist?*

WB Also, ich kann mir schon denken, daß meine Generation, die noch die Jugend in der Nazizeit erlebt hat, Krieg und Gefangenschaft auch, ähnliche Träume hat. Sicher, Verfolgungsträume gab es wohl zu allen Zeiten. Aber mir immer wiederkehrende Träume aus der Kriegszeit und aus der Nazizeit – die sind typisch für meine Generation; ich könnte mir denken, daß ich nicht der einzige bin. Aber ich hab' mich jetzt gewundert bei dem neuen Buch, wieviel Kindheitsträume, wieviel Träume von Vater und Mutter, von Geschwistern noch darin vorkommen – in meinem Alter!

MC *In Ihren Büchern kommt manchmal auch Ihr früherer Beruf als Kritiker und Journalist vor. Gab es Spannungen zwischen diesem »bürgerlichen Beruf« und dem des freien Schriftstellers?*

WB »Bürgerlicher Beruf« ist übertrieben; ich war eigentlich nie Redakteur oder festangestellt, bloß ganz vorübergehend bei einer Wochenzeitung, die Hans Werner Richter mit Guggenheimer nach dem Verbot des ›Ruf‹ gründen wollte, die aber gleich wieder einging. Dann war ich kurz einmal Lektor für französische Literatur, und Kulturkorrespondent in Paris war ich auch – das war dem freien Schriftsteller schon sehr ähnlich. Ich habe früher, weil man ja von Gedichten nicht leben kann, eben mehr für Zeitungen und Rundfunk geschrieben.

MC *Wolfgang Bächler, in Ihrem Lebenslauf ›Zwischen den Stühlen‹ schreiben Sie allerhand über sich und die ›Gruppe 47‹; nach Ihrer Prosa wird klar, daß Sie viele »Persönlichkeiten« kennengelernt und ein lebendiges Leben geführt haben. Deshalb möchte ich Sie zu einem kleinen Kurzbericht auffordern. Wie war das zum Beispiel mit Georg Lukács?*

WB Das war 1955, mitten im Kalten Krieg noch, da schlug ich dem Bayerischen Rundfunk vor, ein Ost-West-Gespräch auf höchster philosophischer Ebene zu machen mit Lukács und Bloch. Ich war eingeladen zu einer gesamtdeutschen Tagung in Österreich in der Steiermark; vorher wußte ich nichts, als daß Bergengruen die Eröffnungsrede halten sollte. Wem werde ich vorgestellt? Ich weiß nicht, wem sie heute noch ein Begriff sind: dem Herrn Blunck, der war der berühmteste norddeutsche Nazi-Schriftsteller und Vizepräsident der Reichsschrifttumskammer gewesen, und Hermann Grimm. Da hab' ich gesagt, ich setz' mich mit denen nicht an einen Tisch und ging zu einem leeren Tisch in einem Erker, und da kamen einige junge Wiener Schriftsteller zu mir. Mit denen fuhr ich nach Wien weiter, beantragte von Wien aus das Visum nach Budapest, mußte dort vier Wochen darauf warten; darüber ging mir das Geld aus. Die Telefonnummer von Lukács bekam ich von Ernst Fischer, dem Nationalrat der Kommunistischen Partei Österreichs; ich rief Lukács an, und er sagte: »Wenn Sie noch genug Geld haben für die einfache Fahrkarte Wien–Budapest, dann kommen Sie, Sie sind mein Gast.« Das hab' ich gemacht. Am ersten Abend waren wir in einem Bartók-Konzert; Frau Lukács ging dann ins Bett, aber mit ihm habe ich die ganze Nacht durchdiskutiert. Das war meine erste manische Phase; damals wußte ich aber noch nicht, was das ist. Lukács gab damals marxistische Abendkurse. Ich wurde später von Hans Werner Richter beschimpft, daß ich zu diesem stalinistischen Literaturpapst fuhr; in Wirklichkeit hatte Lukács ja schon Vorlesungsverbot. Das schönste und längste Gespräch führten wir in dieser ersten Nacht; wir sprachen über alles, kreuz und quer, von Stalin bis Kafka. Es stimmte so vieles nicht: daß er sich gar nicht für Lyrik interessiere, weil sie weniger »soziologischen Ertrag« habe. Das war alles nicht wahr!

MC *Was war denn wahr?*

WB Während seiner ganzen Zeit in der Emigration in Moskau hat er Stalin überhaupt nie kennengelernt; er hatte genauso Angst wie andere auch, daß er eingesperrt oder verschleppt werden könnte. Er war halt als wissenschaftlicher Mitarbeiter am Marx-Engels-Lenin-Institut und eigentlich der Herausgeber der textkritischen Marx-Ausgabe; er hatte ja die Frühschriften von Marx überhaupt erst entdeckt. In der Sowjetunion ist nichts von Lukács übersetzt worden, außer einem einzigen Buch, dem über Gottfried Keller! Von Lukács wollten sie überhaupt nichts wissen; ›Geschichte und Klassenbewußtsein‹ wollten sie natürlich auch nicht!

MC *Über die ›Gruppe 47‹ möchte ich Sie nur dieses eine fragen: Ihre*

Geschichte von der Eich-Aichinger-Hochzeit und der eigentlichen Gründung der ›Gruppe 47‹ – ist sie Fiktion?

WB Sie ist Fiktion! Ich schrieb eine neue Legende.

MC *Kommen wir zur »Legende vom Künstler«: Was halten Sie von Organisationen wie dem Schriftstellerverband in der Gewerkschaft?*

WB Da bin ich Mitglied, ja. Schon bei den Vorbereitungen zur Gründung des VS war ich dabei, und ich bin heut' noch drin. Ich bin sogar in der SPD. Egon Bahr hat mich eigentlich angeworben; er hat gesagt, wenn man etwas verändern will, muß man eintreten.

MC *In Ihrer Erzählung ›Ein Optimist‹ schreiben Sie von der sogenannten ›Splendid isolation‹ – daß der Schrifsteller allein sei; belasten Sie die Spannungen zwischen soviel Teilnahme am öffentlichen Leben und diesem Allein-am-Schreibtisch-Arbeiten?*

WB Ja, natürlich! Es gibt keinen einsameren Beruf als den des Schriftstellers; man ist immer allein, allein sitzt man vor dem leeren Papier. Irgendwann, wenn man fertig ist, kann man es an einen Verlag schikken; mein Verlag ist auch nicht in München, also sehe ich die Leute fast nie. Ich gehe weder in ein Büro noch in eine Schule wie andere; selbst Musiker und Komponisten sind mit anderen Menschen zusammen. Als Schriftsteller begegne ich anderen Menschen nur auf öffentlichen Lesungen; das ist eher ein Ausnahmezustand. Die meiste Zeit ist man allein.

MC *Mit dieser Sondersituation kann man nur fertig werden, wenn man gewisse Maßnahmen zur eigenen Disziplin ergreift und vielleicht »Rituale« hat. Haben sie eine bestimmte Arbeitsorganisation? Schreiben Sie jeden Tag oder mit Pausen? Zu bestimmten Stunden? Auch dann, wenn Sie »keine Lust« haben? Haben Sie also einen bestimmten Turnus, wie z. B. Thomas Mann ihn hatte?*

WB Also wie Thomas Mann, daß ich wie ein Beamter und dann auch noch am Vormittag schreiben könnte, das hab' ich überhaupt nicht, schon allein durch meine Depressionen bedingt nicht; da kann ich lange Zeit gar nicht schreiben, und außerdem glaub' ich, daß überhaupt kein Lyriker in bestimmten Stunden schreiben kann. Und wenn schon, dann nach dem Mittagessen, wenn ich einen starken Kaffee trinke. Aber wenn ich gut drin bin im Schreiben, so geht das bis in die Nacht hinein, und wenn es bis morgens früh um vier ist. Ich habe früher, in meiner Ehezeit in Frankreich, versucht, mich während meiner Depressionen an den Schreibtisch zu setzen, ohne daß etwas dabei herausgekommen wäre; das habe ich inzwischen aufgegeben, weil das noch frustrierender ist.

MC *Schreiben Sie eigentlich mit der Hand, mit der Schreibmaschine, benutzen Sie auch Tonband und Computer?*

WB Mit Tonband und Computer habe ich noch gar nicht gearbeitet. Gedichte schreibe ich sowieso mit der Hand. Mehrfach. Und wenn ich sie in die Maschine schreibe, also abschreibe, formulier' ich sie nochmal um. Prosa: wenn's gut geht, schreibe ich schon gleich in die Maschine. Wenn ich da irgendwo steckenbleibe oder länger nachdenken muß, wenn ich wieder ändern muß, dann schreib' ich halt daneben mit der Hand.

MC *Meine nächste Frage ist damit schon halb beantwortet: Überarbeiten Sie? Und wie oft? Schreiben Sie das Ganze neu oder werden Korrekturen gemacht?*

WB Ja, es werden Korrekturen gemacht, aber bei Gedichten schreibe ich schon immer das Ganze neu und ändere dann vielleicht mal oder kürze. Bei der Prosa korrigier' ich auf jeden Fall und schreib' das mindestens auch noch einmal ab.

MC *Machen Sie auch Vorarbeiten, vielleicht wissenschaftlicher Art mit Zettelkästen, Entwürfen, Recherchen?*

WB Mit Entwürfen schon, aber so ein gutes System mit Zettelkästen wie Arno Schmidt habe ich nicht! Natürlich, wenn ich irgend etwas Zeitgeschichtliches mach', les' ich nach, damit das auch historisch genau stimmt.

MC *In einer Vorbereitungszeit, in »schöpferischen Zwischenzeiten«, machen Sie da noch etwas anderes, Lesen, Reisen, Spazierengehen, andere Arbeiten?*

WB Ich lese immer sehr lange und ausgiebig Zeitung. Bücher lese ich nur vor dem Einschlafen im Bett. Und Spaziergänge mache ich nur, wenn das Wetter sehr schön ist und es mich hinaustreibt; die Sonne kann ich nur »unterwandern«, so wie im Gedicht ›Tageslauf‹:

> »Gegen die Sonne anschreiben
> vermag ich nicht. Ich kann
> sie nur unterwandern.«

MC *Um auf Pragmatisches zu kommen: Benutzen Sie zum Schreiben stimulierende Mittel wie Wein, Tee, Kaffee, Zigaretten, Psychopharmaka?*

WB Kaffee und Tee und Zigaretten; der Zigarettenkonsum ist beim Schreiben noch höher. Aber Drogen – das einzige war zeitweise Preludin – ist inzwischen längst verboten. Das hat mir einmal ein Psychiater als Antidepressivum verschrieben; klassische Weckamine, die viele

Studenten nahmen, Heinrich Böll schluckte ständig Weckamine. Als ich das nahm, konnte ich noch schlechter schlafen. Und vielleicht hat es mit dazu beigetragen, jedenfalls traf es zeitlich zusammen, daß es dann die erste Manie mit ausgelöst hat und noch gesteigert hat. Es kann schon sein, daß einige der schönsten Gedichte von ›Türen aus Rauch‹ unter dem Einfluß von Preludin entstanden sind. Die Gedichte sind alle in Frankreich entstanden.

MC *Gibt es bei Ihnen auch vorbereitende Rituale? Von Canetti sagte Neumann boshaft, er hätte ganz viele feingespitzte Bleistifte auf dem Schreibtisch haben müssen – Canetti schreibt alles mit der Hand.*

WB Ich hab' auch sehr viele Kugelschreiber und Bleistifte auf dem Schreibtisch, aber die sind nicht fein gespitzt. Jetzt habe ich die große Mühe, wenn ich alte, unveröffentlichte Manuskripte lesen will; ich schrieb und schreibe immer noch die alte deutsche Schrift, die auch mein Lektor nicht mehr lesen kann; die meisten können die von Hitler abgeschaffte deutsche Schrift nicht mehr lesen. In der Schrift und dann noch mit Bleistift und etwas verwischt kann ich selber kaum noch entziffern, was ich früher mal geschrieben habe. Aber seit der Erfindung des Kugelschreibers, die schon Gottfried Benn hochgepriesen hat, schreib' ich mit Kugelschreiber. Da hatte ich früher immer Vorräte liegen; aber das ist nicht ein richtiges Ritual.

MC *Schreiben Sie Tagebuch? Machen Sie Notizen und verwenden Sie sie?*

WB Ich schreibe meine Nachtbücher. Ich hab' schon zeitweise versucht, Tagebuchaufzeichnungen zu machen, aber da kam ich nie nach. Diese disziplinierten Herrn von Thomas Mann bis Ernst Jünger ... Ich war nämlich voriges Jahr bei Ernst Jünger in der letzten Manie; da war ich zufällig in der Gegend bei Sigmaringen und hab' mich da hingetraut.

MC *Wie war das? Was hat er gesagt?*

WB Erst wollte mich die Frau gar nicht reinlassen; es war nämlich schon dunkel. Es war kein günstiger Tag; sie kamen von einer Beerdigung aus Überlingen. Er war ganz freundlich. Er scheint auch eher ein Morgenmensch zu sein; für ihn war das fast mitten in der Nacht. Das Irre war, daß er ganz jungenhaft, fast lustig mit mir redete: dreiundneunzig ist er ja jetzt! Er hatte mir mal sehr schön geschrieben auf die ›Türen aus Rauch‹ hin, und ich hab' nie geantwortet. Er fragte mich, wie ich da so lebe und auch über meine Frau; daß ich mit einer französischen Ärztin verheiratet war, das wußte er noch.

MC *Die »Großschriftsteller«! – Sie selbst sagen, in ›Stadtbesetzung‹, das Gedicht zwinge Sie zur Konzentration und bringe Sie dazu, »die*

Wirklichkeit in den Wortgriff zu bekommen«. Und dort reden Sie auch davon, daß Sie, daß ein Schriftsteller das Leben »bespreche«, wie eine weise Frau eine kranke Kuh bespreche. Das alles finde ich typisch Bächlersche Zitatparallele zu Thomas Manns »das Recht des Dichters, die Wirklichkeit zu benutzen«. Zwei sehr unterschiedliche Autorentypen sprechen über den Transformationsprozeß. Sie meinen also auch, es gebe eine Umwandlung der Wirklichkeit, indem man sie erdichtet?

WB Ich bin kein realistischer Schriftsteller in dem Sinn, oder naturalistischer, indem ich die Wirklichkeit nur schildere, wie sie ist. Aber ich glaube, daß meine Prosa trotzdem im weiteren Sinne realistisch ist. Mein Realismusbegriff ist da schon weiter als der des sozialistischen Realismus oder der vom Reich-Ranicki; das ist der »kapitalistische Realismus«.

MC *Ich meine schon einen Umwandlungs-, einen Verwandlungs-Prozeß, einen Ver-Dichtungs- oder Ent-Stellungs-Prozeß, wie Freud das nennt. Hin-Stellen, Anders-Stellen meint er, nicht Entstellen als Häßlich-Machen. Nicht Entstellen wie eine Narbe es tut. – Wolfgang Bächler, es gibt bei den Wissenschaftlern unterschiedliche Versuche der Systematisierung. Da wird die Arbeit des Unbewußten immer wieder in vier Phasen zusammengefaßt: 1. Präparation oder Vorbereitung, 2. Inkubation oder Heranreifen, 3. Inspiration oder »Erleuchtung«, 4. Verifikation oder Überarbeitung und Kontrolle; wie stehen Sie dazu; würden Sie das bestätigen, widerlegen, vermischen?*

WB Ich kann das schon weitgehend bestätigen. Bei mir ist das so: die Inkubationszeit, das wäre dann jetzt! Die Inspiration gibt es, glaube ich, schon, vor allem für die Lyrik; aber es ist ja auch so, daß bei mir immer noch irgendwelche Reste liegenbleiben, Prosafragmente, auch Gedichtfragmente, und daß ich die dann wieder aufbereite. Die Überarbeitung kommt auf jeden Fall; ich kann kaum ein Gedicht mit der Maschine abschreiben, ohne zu ändern.

MC *Zum Schluß eine Frage zum Persönlichen: Kunst und Leben. Es gibt Autoren, die zurückgezogen leben, windstill, und andere, die für das exzessive Leben plädieren. Rilke hat die beiden Extreme zu unterschiedlichen Zeiten in Worte gefaßt: »Ein Dichter muß alles erlebt haben« und »Ein Dichter muß sein Leben zuwachsen lassen wie einen alten Weg«. Welche Version erscheint Ihnen die richtige?*

WB Ich möchte schon, gerade wenn ich lange depressiv war und währenddessen gar nichts erlebt habe, ich möchte dann schon wieder leben! Aber das mit dem Zuwachsen ist auch kein schlechtes Bild. Das eine schließt das andere nicht aus.

ANGELIKA JAKOB

»Der kreative Funke entsteht aus Erinnerung in einem der winzigen Hohlräume wo die Zeit stillsteht«

Angelika Jakob ist in der Oberlausitz geboren, aufgewachsen in Schlesien, hat in Glogau das Abitur gemacht, eine Fotolehre begonnen, sich »in 32 verschiedenen Berufsarten« durch letzte Kriegs- und erste Studienjahre gebracht. In Halle an der Saale hat sie das Studium der Kunstgeschichte, Klassischen Archäologie und Germanistik begonnen, hat es 1947 in Göttingen und Tübingen weitergeführt und mit einer Dissertation über Winckelmanns Ästhetik 1953 abgeschlossen. Die Klingel an ihrem Haus am Hang in Siegen in Westfalen trägt drei Namen: »Angelika Jakob« und »Ingrid Kreuzer« für sie, als Zeichen ihrer Doppelexistenz als Erzählerin und Literaturwissenschaftlerin, sowie »Helmut Kreuzer« für ihren Gatten, den Germanistikprofessor. Kindheit, Jugend in der Kriegszeit und das Ende der Geborgenheit kehren als Motiv in ihren Erzählungen wieder: ›Amie‹ (1982) und ›Flieg, Schwesterlein, flieg‹ (1984). Lange vor den Erzählungs- und Gedichtbänden hat sie wissenschaftliche Arbeiten veröffentlicht, am ersten Erzählband ›Amie‹ und am Tieck-Buch ›Märchenform und individuelle Geschichte‹ (1983) im gleichen Zeitraum gearbeitet. In diesem produktiven Kreislauf, in dem der selbst Schreibende einen anderen Dichter anders wahrnimmt als zuvor, erschien ›Literatur als Konstruktion. Studien zur deutschen Literaturgeschichte zwischen Lessing und Martin Walser‹ im gleichen Jahr 1989 wie ›Die Lady und der Boy‹: Ihre amerikanische »Heimat auf Zeit« – zwischen 1970 und 1989 wohnten Ingrid und Helmut Kreuzer abwechselnd im Siegerland und in den USA – sieht sie in diesen ›Erzählungen von Hier und Dort‹ mit ›Augen der Liebe‹, Titel der Jakobschen Meistergroteske des Erzählbandes.

Aus *Die Lady und der Boy*, 1989

»Man sollte Erinnerungen auslöschen können, denkt Boy, zerdrücken wie ausgesaugte Zigarettenkippen. Immer wieder flammen die Stummel auf, ganze Prärien in Brand setzend. Tut man den Mund auf, merkt man, daß die vielgerühmte Männerfreundschaft auch nur Flickwerk ist. Sam jedenfalls, Boys bester Freund, hält keine Belastung aus.
Wie hat er sich angestellt, als Boy ihr einmal aus dem Fenster des Lieferwagens von Sams Vater zuwinkte, als sie samstagmorgens zur Arbeit brausten. Mäher, Sicheln, Kantenschneider, die Rollen mit den schwarzen Plastiksäcken fürs Gras und die Äste säuberlich aufgeladen... Man sah auch gleich, daß sie nicht hergehörte. Vor Befangenheit stolpernd, trotz der Mittagsglut den Kopf in den Kragen steckend, macht sie sich unscheinbar, als ob ihre Ankunft ihr peinlich wäre. Natürlich kommt nicht jedermann aus freiem Willen nach Texas geschlendert, schon keine Lady, die aussieht wie sie: zugleich hochmütig und hilfsbedürftig, wenn ihr die widersprüchliche Mischung versteht. Daß sie das Haus gemietet hat, verfallen wie es ist, spricht jedenfalls gegen ihren Verstand. Boy verfolgt ihren Auftritt von seinem Logenstehplatz in der Zaunlücke. Ihr Regenmantel ist zu kurz, ein Rocksaum trinselt aus, nicht einmal unsre Währung kennt sie. Schon die Art, wie sie aus dem Taxi klettert: streckt zuerst einen mageren Arm nach draußen; denkt sie denn, daß da einer steht und nach ihren Fingern greift? Zieht ihn wieder ein, stößt dafür ein verhungertes Knie ans Licht, zerrt mit beiden Händen am Rocksaum (für Strümpfe scheint's ihr nicht zu reichen), holt schließlich auch das Knie wieder ein, endlich kapierend, daß Aussteigen ohne den Fuß nicht möglich ist. Endlos wäre die Beschreibung ihrer Torheiten fortzusetzen: Zehen und Fingernägel glänzen im nicht zueinander passenden Rot...«

MECHTHILD CURTIUS *Angelika Jakob, Sie schreiben in Ihren Büchern oft etwas über das Erinnern: In der Geschichte ›Der Sargnagel‹ setzen Sie sich mit Erfinden im Zusammenhang mit der Zeit auseinander. In der Titelgeschichte von ›Flieg, Schwesterlein, flieg‹ fragen Sie, was die Schwester wolle: das Erinnern als Porträt? Oder, selbstironisch: »Wenn ich dich erfinde, ist's dir auch nicht recht.« Die Schwester »brauchte die Qual der Erinnerung als Nachschub für neue Kraft«. – Beim Schreiben geht es um die Transformation der Wirklichkeit in Fiktion, um den Prozeß der »Verwandlung der Wirklichkeit«. Wie sehen Sie als Wissenschaftlerin diesen Prozeß, den Sie selbst erzählend beschreiben?*

ANGELIKA JAKOB Ich glaube, daß alles fiktionale Schreiben im Grunde »Erinnern« ist, ob man sich selbst dessen bewußt ist oder nicht. Wenn ich zum Beispiel eine Geschichte anfange, mir ein Thema suche, dann geschieht das meistens mit einer Art Rückwärtsblick auf ein Bild wie auf einen Film. Dieses Bild schau' ich mir an, das muß nicht autobiographisch geprägt sein – es ist sehr, sehr selten autobiographisch geprägt –, es können Leseerfahrungen eingegangen sein oder Wirklichkeitserfahrungen, die sich vermischen; aber es ist kein direkter Bezug zum eigenen Erinnern, an die eigene Vergangenheit. Und dann schau' ich mir dieses Bild an, es erweckt eine Emotion in mir, und diese Emotion halt' ich fest, sie wird zunächst zum Thema für mich. Dann versuch' ich in einem zweiten, etwas rationaleren Vorgang neue Bilder zu schaffen, die zu dieser Emotion passen, und so darzustellen, daß der Leser dieses selbe Bild sieht und das empfindet, was ich beim Anschauen empfunden habe. Also im eigenen Schauen entsteht die Emotion, dann kommt die Zutat, das Handwerkliche hinzu, und schließlich hab' ich den Leser vor mir; das ist der dritte Vorgang, daß ich selbst hinübersteige über die Kluft zum Leser. Aber bis dahin hab' ich noch kein Wort geschrieben in diesem ganzen Prozeß!

MC *Wenn es nicht kompliziert wäre, wäre es nicht »der Rede wert«. Darum möchte ich wissen, was Sie dazu zu sagen haben, zumal Sie ja »poeta docta« sind, Kunsthistorikerin, Literaturwissenschaftlerin.*

Und damit bin ich bei meiner ersten Frage zum schöpferischen Arbeitsprozeß selbst: Sehen Sie Spannungen zwischen »bürgerlichem Beruf« und dem Schreiben von Erzählungen, als Wissenschaftlerin und als Schriftstellerin; sehen Sie eher positive Beeinflussungen oder, negativ, Störungen? Ich weiß z.B. von Ihnen, daß Sie ungefähr im gleichen Zeitraum ein erzählerisches Buch ›Flieg, Schwesterlein, flieg‹ und ein literaturwissenschaftliches über Ludwig Tieck geschrieben haben.

AJ Ja, und speziell an Ludwig Tieck haben mich die Strukturen des romantischen Kunstmärchens interessiert. Das Buch hab' ich eigentlich bereits als Schriftstellerin, als Autorin von Fiktionalem geschrieben, weil ich – was Sie jetzt auch tun – diesem kreativen Prozeß auf die Spur kommen wollte. Da hab' ich versucht zurückzugehen eben zu diesem ersten Bild, das Ludwig Tieck vor sich gesehen haben müßte, ehe er eine Geschichte zu schreiben anfing. Ich habe mir dazu ein kleines Struktursystem entwickelt, das ich auch aufgezeichnet und mit dessen Hilfe ich festgestellt habe, daß es allen diesen Märchen zugrunde liegt, daß es im Grunde ganz einfache Dinge sind: das Verhältnis von Weg und Ort; alles andere ist sekundär; zunächst wird immer nur festgestellt, wo die Personen sind, was sie tun, ob sie sich bewegen, wohin sie sich bewegen. Dabei stellt man strenge Grenzen fest, wo der Text anfängt, wo der Text endet; die Figur geht nie darüber hinaus, auch der Inhalt nicht; es ergibt sich sozusagen dieses Strukturskelett – ich bin mir nicht klar, ob es Tieck rational bewußt war oder ob er es als unbewußtes Formprinzip in sich hatte – ich neige zur zweiten Erklärung. Und diesem Skelett, das vor ihm liegt, fügt er dann das nötige Fleisch an, als Story, als Plot, als Geschichte. Ich habe festgestellt bei meinen eigenen Geschichten, daß ich diese Strukturen zum Teil bewußt übernommen habe; z. B. in der Erzählung ›Augen der Liebe‹. Ich habe festgestellt, daß ich als Ingrid Kreuzer im nachhinein Angelika Jakob interpretieren kann. Und diesem kreativen Punkt, diesem »Schöpfungsfunken« glaub' ich damit ein bißchen näherzukommen; also bei mir ist dieser erste Punkt optisch: ich *sehe* etwas!

MC *Sie sehen etwas. Anna Rheinsberg sagt: »Ich höre Stimmen.« – Sie haben festgestellt, daß Ingrid Kreuzer als Angelika Jakob ein wissenschaftliches Buch anders schreibt und einen Dichterkollegen der Vergangenheit, Ludwig Tieck, anders sieht?*

AJ Ja.

MC *Ich kann mir vorstellen, daß sich für diesen Prozeß nur jemand interessiert, der ihn vom inneren Anschauen her kennt.*

AJ Ich glaube, daß man als unpoetischer Mensch keine gute Literaturwissenschaft betreiben kann; vielleicht Literaturgeschichte in einem äußeren Sinne des Ablaufs und der Menge und der Stilrichtungen usw. Wahrscheinlich sind die guten Leser unausdrückliche Autoren.

MC *»Produktivitätsästhetik« meint ja den gesamten Zyklus Produktion – Werk – Rezeption; ein tumber Tor kann nicht lesen; es müssen die Bilder in ihm, vor ihm neu entstehen. Damit fängt es an. – Wie empfinden Sie die Spannung zwischen dem Unter-Menschen-Sein und der Isolation beim Schreiben?*

AJ Beim Schreiben bin ich eigentlich weniger isoliert, beim Schreiben leb' ich mit meinen Figuren; vor allem, wenn ich eine große Arbeit schreibe, aber meine Kurzgeschichten sind ja im Grunde komprimierte Romane! Ich könnte das Ganze auch ausweiten zu einem Roman, wenn ich sehr viel Landschaftsbeschreibungen und alle diese Dinge hineintun würde; ich nenne das immer »Zement«, das, was zwischen den Ziegeln ist, und ich beschränke mich darauf, einfach die Ziegelsteine hinzustellen.

MC *Angelika Jakob, wie steht es mit Ihrer Arbeitsorganisation, Ihrer Arbeitstechnik, mit Ihrem schriftstellerischen Alltag? Schreiben Sie jeden Tag oder mit Pausen? Zu bestimmten Stunden? Wann fangen Sie morgens an? Wie sieht Ihre Arbeitsdisziplin aus? Arbeiten Sie nur mit oder auch ohne »Lust«?*

AJ Ich arbeite, wann immer ich kann. Zu einer Arbeitsdisziplin zwinge ich mich eigentlich nicht; nun hab' ich keinen Beruf nebenher, kann mir also meine Zeit einteilen. Am liebsten fange ich morgens an; wenn ich irgend etwas anderes zu tun habe, meinetwegen Haushaltsaufgaben oder eine Reise, dann arbeitet trotzdem der Text in mir selbst weiter, die Plots entwickeln sich, die Figuren suggerieren mir, was sie eigentlich wollen. Das ist auch arbeiten, sogar wenn ich im Bett liege; ich hab' also immer den Schreibblock am Bett; es kann sein, daß ich aus einem Traum aufwache, und jetzt weiß ich plötzlich: so und so geht die Geschichte weiter. Ich hab' eigentlich immer Lust zur Arbeit. Etwas Kreatives zu tun, das ist für mich Lebensbedürfnis. Und darum bin ich sehr froh, daß ich das jetzt noch in relativ höherem Alter tun kann.

MC *Schreiben Sie mit der Hand oder mit der Schreibmaschine, benutzen Sie moderne Techniken wie Tonband und Computer?*

AJ Ich fange immer mit der Hand zu schreiben an, aber nur ein paar Zeilen; weil ich meine Handschrift selbst nicht lesen kann, übertrage ich dieses Geschriebene auf eine uralte Schreibmaschine, übertrage das dann auf einen Word-Processor. Ich habe keinen Computer, ich arbeite nicht mit Soft-Ware, ich mache mir meine Soft-Ware sozusagen selber auf meinen Disketten, gebe den Text ein, druck' ihn mir aus, korrigiere nochmal mit Hand und gebe ihn dann noch mal neu ein, d. h. ich tippe ihn nochmal. Ich brauche einfach dieses Fingergefühl, um nochmal frischer und straffer zu formulieren. Und dann, vielleicht beim dritten Gang, korrigier' ich auf dem Monitor nur noch einzelne Sätze oder einzelne Wörter, lasse Absätze weg.

MC *Machen Sie auch Vorarbeiten wissenschaftlicher Art mit Zettelkästen, Entwürfen, Recherchen?*

AJ Vorläufig arbeite ich spontan. Solange ich keine Geschichten schreibe, bei denen ich wissenschaftliches Material brauche.

MC *Welche Überbrückungsarbeiten gibt es in der Vorbereitungszeit bzw. in sogenannten unschöpferischen Zwischenzeiten? Lesen Sie dann, reisen Sie?*

AJ Reisen ist immer gut; das entspannt mich sehr und bringt mich auf neue Gedanken. Spaziergänge sind sehr wichtig; als ich noch in Freudenberg wohnte, habe ich jeden Tag einen Waldspaziergang gemacht; die Gedichte sind hauptsächlich auf den Spaziergängen entstanden: also bei der Lyrik hört man, hört man eine Zeile. Unter Umständen. Bei der Prosa sehe ich, Szenen oder Dinge, sogar Gedanken umgesetzt.

MC *Schreiben Sie die Gedichte dann gleich im Wald auf?*

AJ Ja, das ist immer nur eine Zeile, oder zwei Zeilen. Ich gehe meistens – auch in der Eisenbahn oder im Flugzeug – mit einem Block und mit einem Stift umher. Ich hab' mal in einer Kneipe gesessen und aß Abendbrot und hatte überhaupt nichts bei mir; da mußte der Ober mir seinen Quittungsblock geben, und ich hab' dann 'ne Geschichte draufgeschrieben beim Essen.

MC *Wie Thomas Mann. Sie benutzen also Notizen und schreiben irgendwo irgend etwas auf wie Thomas Mann auf die berühmten Theaterzettel? Verwenden Sie auch Tagebücher und andere Aufzeichnungen? Und wieweit nutzen Sie dabei die Wirklichkeit? Thomas Mann hat erklärt: »Das Recht des Dichters, die Wirklichkeit zu benutzen.«*

AJ Also ich schreib' sehr wenig Autobiographisches, was sich die Leute nicht vorstellen können: sobald jemand im Text eine Frau ist, muß das ich sein. Ich erfinde auch Frauen, ich benutze autobiographische Erinnerungen an Landschaften, an Häuser, an einzelne Menschen, an Gesichter; an Aussprüche. Mancher meiner Freunde wird sich mit irgendeinem Ausspruch wiederfinden, aber nicht als Person! Oder ich verwende einen Gegenstand, ein Milieu; aber ich vermische das alles und benutze es nur als Requisiten meiner schöpferischen Phantasie. Ich erfinde das Ganze, auch wenn das Einzelne erinnert ist.

MC *Das Ich wird in Partial-Ichs zerlegt, wie Freud es in ›Der Dichter und das Phantasieren‹, einem sehr wichtigen Aufsatz – einem »Meilenstein« der Produktivitätsforschung – gesagt hat. Inzwischen haben manche von uns beobachtet, daß gelegentlich viele Ichs zu einem neuen literarischen Ich werden, daß das Mischen und Mengen von Finden und Erfinden noch viel komplexer ist. Sicher wird immer wieder einmal ein Leser etwas von sich selbst erkennen – eine Nase, einen Schnaufer, eine Augenwimper – oder es wenigstens meinen.*

AJ Ja, genau! Die Leute suchen immer und sind oft gekränkt, wenn sie sich nicht finden.

MC *Benutzen Sie zum Schreiben stimulierende Mittel: Wein, Kaffee, Tee, Drogen, Psychopharmaka?*

AJ Nein! Ich brauche sie nicht! Zigaretten habe ich mir abgewöhnt, weil ich keine kalten Aschenbecher riechen kann. Jedesmal, wenn ich inspiriert war, ging ich in die Küche und wusch den Aschenbecher ab; das war mir bald zu kompliziert. Mit Alkohol schreibe ich nicht gut; das hindert mich eher. Ich brauch' eigentlich nichts, nur mich und meine Erinnerung. Wenn ich jetzt doch zum Prozeß der Erinnerung noch etwas sagen kann: Ich glaube, daß zwei der wichtigsten Komponenten bei mir im Umgang mit Erinnerung Selektion und Addition sind. Das Wichtigste beim Schreiben, vom Erinnern her, ist das Weglassen, das Aussuchen: *Was* nimmst du. Dann die Addition der einzelnen Komponenten, die also, anders noch als der Stil, das Eigentümliche des Inhalts ergeben. Das ist das, woran ich wirklich arbeite. Bei einem Kurs über Kreativität würde ich die Leute ganz einfach Sachen beschreiben lassen, einen Stuhl – da läßt einer z. B. die Stuhlbeine weg. Es gibt einen irrationalen Ansatz, einen fast körperlichen, möchte ich sagen: das Schauen, ein Auge ist notwendig, mein offenes Auge, auch wenn ich innere Bilder erschaue, der Körper ist also absolut notwendig. Und dann geht es vom Körper über das Gefühl, so daß ich es selbst fühle, diese Regung beim Leser erwecken möchte, und mir rational die Mittel suche, wie ich sie erwecken kann, indem ich z. B. merkwürdige Dinge addiere und zusammenstelle, die ebendieses Gefühl erzeugen, wie das vielleicht einer am Mischpult macht, beim Schneiden eines Films.

MC *Da gibt es tatsächlich viel Vergleichbares. – Was Sie vorhin sagten, daß Sie rennen und den Aschenbecher waschen, weil Sie der Geruch stört, würde ich schon unter »Ritualbildung« fassen. Insgesamt möchte ich Sie fragen nach Ihren arbeitsvorbereitenden und arbeitsbegleitenden Ritualen.*

AJ Ich habe keine Rituale. Nichts.

MC *Wirklich nichts?*

AJ Nichts! Ich springe hinein!

MC *Haben Sie aber Unterschiede festgestellt zwischen der ersten Zeit des Schreibens und angewachsener Erfahrung nach mehreren Büchern oder Manuskripten?*

AJ Es liegt bei mir viel Zeit dazwischen. Mein allererstes »Buch« habe ich mit sechs Jahren geschrieben, selbst gebunden, selbst ausgestattet. – Erst in meinen Dreißigerjahren, als ich nicht mehr außer Haus arbeitete, habe ich dann in der Freizeit ernsthaft zu schreiben angefangen; da ist z. B. das Büchlein ›Amie‹ entstanden, das erst später, überarbeitet, erschienen ist. Ich habe einen Roman geschrieben, der bis jetzt nicht veröffentlicht ist und den niemand für ein Werk von mir gehalten hat, weil er u. a. zwei männliche Ich-Personen erzählen läßt, zum Teil ganz eigentümliche Typen zeichnet, überhaupt einen ganz anderen Stil zeigt. Als allererstes aber hatte ich lange davor einen heiteren Kriminalroman verfaßt, als Freizeitbeschäftigung sonntags und abends, wenn ich von der Arbeit kam. Das liegt also alles in der Schublade. Da ich nicht gleich Erfolg hatte, sagte mein Mann: »Mach du mal deine Germanistik; da findest du Verleger und hast nicht den Ärger, daß du ein Manuskript zurückgeschickt kriegst.« Das hab' ich mir damals einreden lassen und zunächst 'ne ganze Menge literaturwissenschaftlicher Arbeiten geschrieben. Dann hab' ich doch festgestellt, daß mir der Austausch fehlte mit dem Publikum; da ich nicht unterrichtete, hab' ich keine Seminare gehabt, konnte meine Ideen nicht vortragen. Und als Angelika Jakob jetzt, erst seit Beginn der achtziger Jahre, hab' ich Austausch mit Lesern. Erfahrung gesammelt hab' ich schon bei ›Amie‹; es ist mein liebstes Buch, obwohl es diese einfache Sprech- und Denkweise des Kindes ganz bewußt einhält; aber das ist ein Kunstmittel.

MC *Mit ›Amie‹ ist es das gleiche wie mit ›Wasserschierling‹: wenn ein Erwachsener, dazu ein wissenschaftlich arbeitender Mensch, eine Geschichte »aus der Welt des Kindes« schreibt – wie ›Die Zeit‹ über ›Wasserschierling‹ urteilte –, so hat dies etwas Artifizielles. Spricht ein Kind von drei oder vier Jahren denn wirklich so? Es ist ein Anschein, den man erweckt, eine Fiktion, Fiction. – Ich weiß, daß der Kontakt mit den Lesern auf Sie als Autorin gewirkt hat. Schlägt sich das auch nieder in Ihrem darauffolgenden Buch?*

AJ Darüber hab' ich noch nicht nachgedacht; aber ich selbst werde ja zum Leser! Ich könnte als Ingrid Kreuzer über Angelika Jakob schreiben nach ein paar Jahren, nicht wahr. Und diese meine eigene Kritik, die Kritik an mir selbst, wirkt sich aus auf das neue Schreiben!

MC *Wie sehen Sie das Verhältnis von verwendeter Wirklichkeit, die durch die Person hindurchgegangen sein muß und gefiltert wiedererscheint als Dichtung? Meinen Sie, daß sich der Verdichtungsprozeß eher bewußt oder eher unbewußt vollzieht?*

AJ Beides, absolut beides! Das müßte ein anderer in meinen Büchern analysieren; das kann ich selbst nicht. Ich spiel' natürlich mit den Dingen. Für mich gibt es wie für Tieck ja nicht nur die kontinuierliche Zeit; auch er hatte mehrere Zeitbegriffe. Und für mich ist Zeit etwas, das in jede Richtung geht, sie kann auch stillstehen und Hohlräume schaffen, und vielleicht kann der kreative Funke nur in einem dieser winzigen Hohlräume, wo die Zeit einen Moment stillsteht, aufflammen. Und dann setzt sich der Prozeß fort, der immer weiter in die Ratio steigt, und dazu braucht man die laufende Zeit!

MC *Das ist schön gesagt: »Immer weiter in die Ratio steigt«. Das bringt mich dazu, Sie nach wissenschaftlichen Versuchen der Systematisierung zu fragen. Immer wieder kommen die Forscher auf folgende vier Phasen des Schöpferischen zurück: 1. Präparation – Vorbereitung; 2. Inkubation – Heranreifen; 3. Inspiration – »Erleuchtung«; 4. Verifikation – Überarbeitung oder Kontrolle. Würden Sie diese vier Phasen für Ihre eigenen Schreibprozesse bestätigen, widerrufen, modifizieren?*

AJ Ich würde das eigentlich bestätigen, ja. Mit Varianten: es kann sich auch austauschen. Nicht in einem Schema von Hintereinander. – Aber jetzt zu meinen eigenen Prozessen. Sie haben mich überrascht, ich habe noch gar nicht so furchtbar viel über sie nachgedacht. Ich halte nun gar nichts von diesem göttlichen Wesen, das über der anderen Menschheit schwebt! Inspiration ja, aber ohne eine ganz solide, harte, wirklich handwerkliche Arbeit kann man es nicht machen. Man muß als Erzähler, der selbst erfindet, genauso hart arbeiten wie als Literaturwissenschaftler. Nur kommt der Anfang eben von der ersten Inspiration; wir wissen ja auch nicht, wie Leben entsteht, und das ist doch etwas Ähnliches.

MC *Sie wollen dem Leser zubilligen, daß er am Entwicklungsprozeß teilnimmt. Er muß mit seinem Unbewußten und dessen Bildern in Ihre Bilder, die der »Schwester«, des »Fliegschwesterleins« als literarischer Figur –*

AJ – da hört man die überraschendsten Sachen! Weil Sie auf diese Schwesterlein-Geschichte anspielen – Käte Hamburger hat an verschiedenen Textstellen zu erkennen geglaubt, daß die ältere Schwester, die die Geschichte schreibt, die jüngere überhaupt nur erfindet! Aus ihrem verarmten Leben heraus diese ganze Geschichte dieser anderen Schwester nur erdichtet.

MC *Ja, das schreiben Sie doch: »Wenn ich dich erfinde, ist's dir auch nicht recht.« Sie selbst geben doch dem Leser das Stichwort!*

AJ Meine Leser sollen wirklich mitarbeiten, und diese Art der Rezeptionsästhetik – da kommt nun wieder die Ingrid Kreuzer ins Spiel – fordere ich seit meiner Doktorarbeit über Winckelmanns Ästhetik. Der Leser soll sich nicht von mir alles vorkauen lassen, sondern ich lasse überall Lücken, die er selber ausfüllen kann.

MC *Schafft es für Sie nicht Komplikationen über die üblichen des Schreibens hinaus, daß Ingrid Kreuzer der Angelika Jakob ins Gehege geraten könnte, oder ist es eher eine produktive Auseinandersetzung?*

AJ Für mich persönlich eher produktiv! Auch das Ordnen, das Strukturieren. Mein Mann ist mir natürlich ein sehr strenger Kunstrichter.

MC *Also in der 4. Phase »Überarbeitung und Kontrolle« überprüfen sowohl Ingrid als auch Helmut Kreuzer einen neuen Text gelegentlich?*

AJ Absolut! Da kämpf' ich manchmal gegen ihn, aber sehr oft seh' ich seine Kritik auch ein. Ich finde, jeder braucht irgend jemanden, der ihm hilft und ihn kontrolliert.

MC *Damit kommen wir auf eine recht persönliche Frage: Kunst und Leben, eine alte Frage in der Literaturwissenschaft, die hingeht bis zur Intimschnüffelei. Es gibt zwei Extreme: wild und ekstatisch, wie bei manchen Romantikern, und das »windstille« Leben, etwa bei Thomas Mann. Rilke hat nun beides zur Sprache gebracht. Einmal schreibt er: »Ein Dichter muß alles erlebt haben.« Und zu einem anderen Zeitpunkt: »Ein Dichter muß sein Leben zuwachsen lassen wie einen alten Weg.« Was stimmt Ihrer Meinung nach?*

AJ Ich würde sagen, das ist bei jedem verschieden. Also ich brauche nicht alles erlebt zu haben. Wir haben ja alle genug erlebt, Krieg und Nachkrieg, Weltwirtschaftskrise und Nazismus, und diese Kämpfe und diese bittere Armut, das reicht. Da kann man nachher die Klause schätzen. Die meisten meiner Freunde denken, ›Amie‹ sei ich selbst, aber ich habe meine eigenen Erlebnisse umgesetzt in ganz andere Bilder. Erfahrung ist notwendig; aber man setzt ja Erfahrung nicht um wie ein Foto. Das macht doch ein Maler auch nicht! Sobald ich schreibe, ergibt sich eine fiktive Figur. Das bin nicht ich. Ich denk' ja auch, daß man mit einem großen Vorwissen zur Welt kommt; da ist so viel angespeichert, das braucht man bloß rauszuholen.

ADOLF MUSCHG

»Wovon Schreiben handelt: das Eigene im Fremden zu deponieren«

In Zollikon bei Zürich wurde er 1934 geboren, studierte Germanistik, Anglistik und Psychologie, promovierte über Ernst Barlach, lehrte an in- und ausländischen Universitäten, unter anderem in Japan. Asien ist früh seine Wunschheimat geworden; später ist er »in das Gewesene heimgekehrt« – so nennt Thomas Mann die Sehnsucht nach zweiter Identität, die Beweggrund zum Dichten sein kann. Mit ihm teilt Muschg Neigungen zu subtilen Personenstudien und zu utopischen Entwürfen, mit Robert Musil »unausgeträumte Zuneigungen der Welt«, die Muschg übersetzt: »Du bist nicht Ich, aber du bist wie ich.« Zentrale Thematik ist außerdem Angst: daß Erzählungen wie der ›Blaue Mann‹ Angstgeschichten seien, räumt er ein im Gespräch, geführt in seinem »Interregnum« auf dem Land nahe der Zürcher »Goldküste« am 10. September 1988 zwischen umgebauter Scheune und kuhduftendem Stall, von Sonnenblumen umstellt, in Arbeitskleidung aus dem Schuppen kommend, wo seine »Werkbank«, die Schreibmaschine, steht.
Sein erster Roman ›Im Sommer des Hasen‹ (1965) galt Asien. Adolf Muschg hat seitdem im »obligatorischen Abstand« von mindestens zwei Jahren Romane und Erzählungen veröffentlicht, kurze, manchmal psychokriminologische ›Liebesgeschichten‹ (1972); ›Der Turmhahn und andere Liebesgeschichten‹ (1985), die von seltsamen »leib-und-seelischen« Konstellationen handeln. Auch seine Romane ›Albissers Grund‹ (1974) oder ›Das Licht und der Schlüssel‹ (1984) zeigen sein psychoanalytisches Interesse; mit ›Literatur als Therapie‹ (1981) bringt er es auf den Begriff. Adolf Muschg gehört zu den wenigen Förderern unter den Literaten, z. B. mit dem Kommentar zu Fritz Zorns ›Mars‹ (1977). Mit den Essays in ›Empörung durch Landschaften‹ (1988) sowie den Erzählungen ›Der Turmhahn‹ nimmt er zu umweltpolitischen Fragen Stellung. Zwischen den eigenen erzählerischen Werken hat der poeta doctus, Literaturprofessor in Zürich, Essays und Bücher über Goethe und Gottfried Keller verfaßt. Die Poetikvorlesungen in Frankfurt am Main 1980 einen beide und beides.

Aus *Der Turmhahn*, 1987

»Die Landschaft öffnete sich, ließ die Nähe des großen Flusses vermuten. R. empfand es als Wohltat, daß seine Wahrnehmung heute nicht gestört war. Auch die Erinnerung war ferne, daß unter den Wolken, die er durch die Glaswand der Liegehalle hatte ziehen sehen, eine unsichtbare und tödliche gewesen war. Sie hatte in großer Stille die Landschaft überzogen und eingenommen, ohne einen Strich daran zu ändern; aber jetzt hatte sie die Stimmung der Augen verändert, die gewohnt gewesen waren zu sehen, was sie bedrohte. Das Bad war in jenen Tagen offen geblieben, aber kaum bevölkert gewesen, man war ja gewarnt worden, ins Offene zu gehen. Drüben, jenseits der Grenze, war die Warnung schärfer, schriller gewesen, mit einem Echo beinahe der Verzweiflung, während man sich in der Schweiz an die Phantasie klammerte, daß die eigene Grenze dichthalten würde gegen jede, also auch diese Art Gefahr. Für R. hatte die umfassende Entwertung des Sichtbaren nichts Überraschendes. Es erleichterte ihn fast, daß die Erde ein schauerlich vertrautes Gesicht annahm, und bei älteren Badegästen glaubte er eine ähnliche Reaktion zu bemerken. Es schien ihm, als hätten sie auf ein Ereignis gewartet, das auch dem Rest der Welt eine Frist setzte und ihn so ratlos machte, wie sie selbst es waren, trotz ihrer kräftig klingenden Sprüche. Es fiel R. jetzt leichter, mit ihnen ins Gespräch zu kommen, und wenn sie sich den wahrscheinlich schon vergifteten Guß über Kopf und Nacken laufen ließen, glaubte er in ihren geschlossenen Gesichtern etwas wie Schadenfreude zu bemerken.
R. fuhr nach Marktgottenau, auf der deutschen Seite, zu einer Lesung ›aus neuesten Werken‹. Er las nicht ungern vor, auch jetzt noch, wo er sicher war, nie mehr schreiben zu können. Seine Stimme vertrat noch ältere Erwartungen an die Literatur; sie hatte nachhaltig, geduldig mit einzelnen Wörtern umzugehen gelernt. Das immerhin war keine Lüge. Oft schien ihm, als beginne ihm die Bedeutung von Sätzen erst jetzt aufzugehen, als habe er früher selbst nicht gewußt, was er geschrieben hatte.«

MECHTHILD CURTIUS *Adolf Muschg, in der neuen Geschichte vom Turmhahn haben Sie eine anfangs schöne Landschaft beschrieben und den, der über sie geschrieben hat. Beider* Vergangenheit *ist »imaginiert«; von Schönheit der Landschaft und Produktivität des Schreibens wird gewissermaßen posthum gesprochen. Warum?*
ADOLF MUSCHG Ich versuche, die Entwertung der Landschaft mit einer Metapher zu begreifen, die real geworden ist, die unsichtbare »Verstrahlung« der Landschaft, die jetzt als zeitungsaktenkundiger Befund aufscheint, aber im Auge des Betrachters schon eine Weile vorhanden war. Jetzt ist es eine unsichtbare Sensation für den Rest der Welt. Das ist eine sinistre Bestätigung, die Tschernobyl verschafft. Es ist für mich nicht einfach, diesen Komplex aufzudröseln, weil sich Formen des Heimwehs einmischen. Die Landschaft, die ich als Kind erlebt habe, war mir natürlich nicht als ausgesparte und verschonte Landschaft bewußt. In Wirklichkeit war die insulare Lage der Schweiz damals die Ausnahme. Die Idylle war – in der Projektion – eine Rückblende. Warum waren die Straßen leer? Weil das Benzin rationiert war. Damit wurden die Straßen für die Kinder zur Spielwiese. Der Krieg fand für uns in der Schweiz in der Zeitung statt. Natürlich hat man die Gefahr als unterschwellige Angst gespürt. Denn ich glaube, daß ich als Kind viel Angst gehabt habe.
MC *Die Angst und das Zuflucht-Suchen, auch Träumen in der Landschaft, scheinen zusammenzugehören in Ihren Büchern: Ihre ›Liebesgeschichten‹, besonders ›Der blaue Mann‹, scheinen mir Angst-Geschichten zu sein. ›Das Heimat‹, die keine Heimat ist, die Inzest-Geschichte, und jeder Leser erinnert sich an die eigene Kindheit. Ich erlebe es auf eigenen Lesungen, etwa aus ›Jelängerjelieber‹, daß viele der damaligen Kinder durch ihre Kriegserfahrungen geschädigt sind und von Angst gepeinigt leben, weil sie als Kind Gewalt erlebt haben. Das ist auch eine Möglichkeit von Literatur: zum Erinnern zu bringen.*
AM Krieg fällt nicht vom Himmel. Krieg ist ein Zustand, der in meinem Fall als latenter vorhanden war. Die Tatsache, daß die Front ab einem bestimmten Punkt der Geographie verläuft, entlastet das Gefühl

nicht, daß »something is deeply wrong«. Auf diese Un-Stimmigkeit reagieren die Leute mit Angst, und das heißt Aggression, und die kollektive Aggression, die organisierte, ist dann der Krieg.

MC *Adolf Muschg, wie stehen Sie heute eigentlich zu Ihren Angst-Geschichten aus den ›Liebesgeschichten‹, ›Der blaue Mann‹ und ›Das Heimat‹? Mögen Sie die noch immer?*

AM Bei dieser Inzest-Geschichte ›Das Heimat‹ wurde mir das Verhalten durch das Publikum leichtgemacht; es ist offenbar eine Geschichte, die den meisten Leuten unter die Haut geht. ›Der blaue Mann‹ scheint vielen Lesern den Zugang enorm zu erschweren: Es ist ja im Grunde die Geschichte einer Psychopathologie, einer Phobie. Ich weiß nicht, ob das besondere Ängste lockermacht in den Lesern, jedenfalls finde ich wenige Leute, die überhaupt wissen, wovon sie handelt.

MC *Literarisch geglückte Ausdrucksformen von Angstdepressionen sind selten und schwer: Poes ›Die Grube und das Pendel‹ und Büchners ›Lenz‹ und Muschgs ›Der blaue Mann‹. Er ist Ihnen geglückt.*

AM Jetzt fällt mir auch ein, daß es eine Anti-Orpheus-Geschichte ist. Dieser Geiger bringt die mühsam aufrechterhaltene Fassade der Personen zum Einsturz mit seiner singenden Säge; sie hat etwas gemeinsam mit den »Trompeten von Jericho«: Die Mauern fallen. Und es ist am Ende unentschieden, ob der Mann in seiner Leere, in seinem Ausgeräumt-Sein befreit oder vollkommen allein ist. Das ist offenbar ein Grundgefühl, das mich von Anfang an als Schreibmotiv begleitet und das mich jetzt als Lebensmotiv eingeholt hat; es ist eigentlich meine biographische Situation geworden. Das ist mir dazu jetzt spontan eingefallen, ich muß die Geschichte wiederlesen: Ich vermute, daß das ein recht präzises Szenario meiner Entwicklung der letzten zwanzig Jahre ist, als ein antizipiertes.

MC *Ja, es ist eine hochgradig transformierte Geschichte: »Die Säge hatte schon zu tief geschnitten. Es fiel mir die Leere der Welt in die Brust.« Das ist kein Eigenseelenschmalz, das ist literarisch gestaltet, das ist geformt. Wie Freud gesagt hat: wenn es nicht transformiert ist, entsteht Peinlichkeit.*

AM Das ist ja ein Mißverständnis der letzten zehn Jahre gewesen, daß der unvermittelt in Papier übertragene Urschrei mehr transportiere als ein Artefakt.

MC *Den etwas blöden Narzißmus der Schreibenden scheinen Sie selbstironisch überwunden zu haben, wenn Sie in ›Literatur als The-*

rapie‹ sagen: »Der Dichter glaubt nicht ans Notwendige in einem Text, er konnte ihn nur nicht besser machen.« Das angeblich Notwendige, ist das nicht ein Mythos?

AM Das glaube ich auch! So wie die Geborgenheit in der Landschaft ein Mythos ist. Es ist sozusagen eine utopische Arbeitshypothese, an der man festhält, solange der Spielraum bewußt ist: das kann ich besser machen, da fehlt mir etwas am Text. Ich glaube, ohne Vollendungsphantasien kommt man beim Schreiben nicht aus, wenn auch nur symbolische, oder eine bestimmte Suggestion, eine bestimmte Atmosphäre. Das ist paradox: der Nicht-Fertigkeit des Textes sich auszusetzen ist verbunden mit diesem Vollendungswahn. Also die Bereitschaft, etwas als nicht-notwendig gelten zu lassen, ist eigentlich eine verkappte Form zu sagen: es gibt eine notwendige Form für das, was ich erzählen will, ich hab' sie nur noch nicht. Den eigenen Schatten können Sie auch nicht einholen.

MC *Sicherlich, Literatur ist produktives Lügen. Der Lügen- und Gaunergott Hermes ist allhier. Über den sagen Sie in ›Literatur als Therapie‹, ähnlich wie Thomas Mann, der es auch mit der Ironie hatte: »Hermes wird im Versteck geboren, lügt schon aus der Wiege heraus ..., ist nie ein Kind gewesen und bleibt immer ein Kind.«*

AM Dazu würd' ich stehen. Das ist natürlich dem Mythos einfach abgeguckt. Gerade weil das Kindliche eigentlich nicht erlebt ist bei ihm, behält er die Qualität des Nach-dem-Kind-Sein-Suchens und wirkt »kindlich« auf andere.

MC *Ein anderer Mythos, wiederum geteilt von Thomas Mann, ist der vom göttlichen Inzest. Es gibt ihn auffallend oft als utopischen Versuch in der Literatur.*

AM Der Inzest ist ein so elementares literarisches Motiv, weil die Identität des Andern und des Eigenen darin potentiell aufgehoben ist, im Zeichen des Verbots, Geschwisterliebe bei Musil usw. Es ist der Versuch einer Umgehung des Verbots, die Utopie als sexuelle zu erleben. Du bist nicht ich, aber du bist wie ich. Es ist einfach eine knappe, extrem vereinfachte Versuchsanordnung dessen, wovon Literatur überhaupt handelt, nämlich: das Eigene im Fremden zu deponieren.

MC *Das wäre die Erklärung; Musil spricht im ›Mann ohne Eigenschaften‹ von den »unausgeträumten Zuneigungen der Welt«. Inzest interessiert also wohl deshalb auffallend viele Schriftsteller, die teufelsentsetzt wären, wenn das Wahrheit würde: das käme ihnen asozial und verantwortungslos vor.*

AM Davor schützt das massive Verbot. Das ist ja eines der wenigen anthropologisch durchgehenden –
MC *Nein! Isis und Osiris.*
AM Im Alten Ägypten.
MC *Das hat wiederum Thomas Mann exzessiv ausgeschrieben! Und Ihre Erzählungen, ›Keine Mädchen‹ und Ihre siamesischen Zwillinge, Ihr Hang, Menschen in extreme Zustände zu bringen.*
AM Ja, das sind wohl alles Varianten, Abfälle des Inzest-Motivs. Aber das machen Sie mir zum erstenmal bewußt; das ist spannend, wenn bei einem Gespräch so etwas herauskommt. Denn es gehört zu den Motiven, die ich bei mir nicht gesucht hätte.
MC *Schriftsteller stehen oft anders zu ihren eigenen Büchern als ihre Leser; Canetti war geradezu empört, als ich mich so gut über ›Die Blendung‹ äußerte; »›Masse und Macht‹ ist mein Lebenswerk!« Im ›Augenspiel‹ sagte er es schon anders. – Adolf Muschg, ich versuche hier und da, die Transformation zurückzuentwickeln: »wie könnte es gewesen sein?« Das darf man sonst nicht; für diese Untersuchung der Produktivitätsästhetik muß man es tun: Wie ist es in Ihrer Kindheit gewesen, daß Sie so angstgeprägt sind? Daß Sie so heftig auf die Kriegs-Angst reagiert haben?*
AM Daß die Angst der Mutterstoff, im wahrsten Sinne des Wortes gewesen ist, auf dem ich geblieben bin, und daß dieser Mutterstoff offenbar der Werkstoff meines Vaters war, das kann ich illustrieren, ich kann es nicht begründen! Ich erinnere mich an den Satz – ich glaube, er steht im Johannes-Evangelium, mein Vater war ein sehr frommer Mann – »In der Welt habt ihr Angst, aber seid getrost, ich habe die Welt überwunden«. Das war einer seiner Haupt-Trostsätze. Die Welt ist Angst – in dieser Form hab' ich sie kennengelernt. Diese Erfahrung hat er weitergegeben, vermutlich schon mit seinem Sperma.
MC *Aber hat es Gewalt in Ihrer Kindheit gegeben? Ich denke immer, daher käme Angst, daß man als Kind Gewalt und Grausamkeit erlebt hat?*
AM Ich glaube, ich habe ihre vermittelten Formen stark erlebt. In der grundlosen Traurigkeit meiner Mutter. Daraus mußte ich schließen: irgend etwas Schreckliches ist vorgefallen. Ein Kind fühlt sich schuldig daran. Angst ist etwas Elementares und zugleich nicht Zugängliches. Das, woran sie sich festmacht, ist nie das Richtige. Das ist vielleicht auch eine merkwürdige Erziehung zum Schreiben: Ich habe gelernt, Geschichten zu erzählen, die solche Vorwände reproduzieren.

MC *Ich habe eine Zeitlang gedacht, die neue Jugend, die eigenen Kinder, haben nie einen Krieg erlebt, also können sie mit Angstneurosen nichts zu tun haben. Und sie können doch: Sie haben sehr viel Angst.*

AM Ich stelle bei meinen Söhnen ein viel sachlicheres oder scheinbar sachlicheres Verhältnis zu angsterregenden Anlässen der Gegenwart fest: sie haben auf eine ganz andere Art im wahrsten Sinn des Wortes mit Tschernobyl leben gelernt. Da ist etwas nachgewachsen; ich sehe da eine wirkliche Leistung.

MC *Das wäre die Antwort gewesen auf meine Frage nach Teilnahme des Schriftstellers am politischen Leben. Sie haben sie vom Anfang mit dem Sprechen über Landschaften bis hierher beantwortet.*

AM Es gibt eigentlich keinen nennenswerten Schriftsteller mehr, der, aus Hochmut oder Demut, nicht meint: Konzentration auf das Beste mir Mögliche am Schreibtisch ist die wirksamste Form des sogenannten politischen Engagements.

MC *Sie haben vom Schreiben als »Abwesenheitsverfahren« gesprochen; wie sehen Sie das Verhältnis vom Unter-Menschen-Sein als Autor und der Isolierung beim Schreiben?*

AM Das Schreiben ist eine Form der simulierten Gesellschaft; beim Schreiben hat man mit Figuren zu tun, man hat das Gefühl, die Zeit nicht zu verlieren, in der Zeit etwas zu leisten. Man hofft futurisch anwesend zu sein mit dem, was man produziert.

MC *Jetzt folgt ein kleiner Frageblock zur reinen Arbeitsorganisation und -technik, ich habe mich etwas von Hirschfeld beeinflussen lassen, mit der Ausnahme, daß fünfzig Jahre später manches technisch anders geworden ist: Schreiben Sie jeden Tag oder mit Pausen? Zu bestimmten Stunden? Haben Sie eine Arbeitsdisziplin, so daß Sie auch dann schreiben, wenn Sie »keine Lust zur Arbeit« haben?*

AM Ich glaube, ich bin ein verhältnismäßig disziplinierter und, abfällig gesprochen, zwanghafter Arbeiter. Ein Tag, an dem ich nicht schreibe, ist für mich ein verlorener Tag. Es muß nicht für den Druck sein; ich habe in den letzten vier, fünf Jahren unendlich viel mehr für mich oder für den Papierkorb produziert. Aber dahinter steckt eine eigentümliche Motorik, ein Suchtverhalten. Nach dem Frühstück nicht an den Schreibtisch zu gehen, ist undenkbar. Ich kann wohl sagen, daß ich am Tag fünf Stunden arbeite oder am Schreibtisch verbringe.

MC *Wann?*

AM Ich stehe früh auf, was auch ziemlich neu ist. Von acht, halb neun bis gegen Mittag. Dann ist die Kraft erschöpft; dazwischen schalte ich auch noch eine Kaffeepause ein; ich muß Distanz fingieren, habe immer die Schreibmaschine im Kopf.

MC *Schreiben Sie mit der Hand oder mit der Schreibmaschine? Benutzen Sie moderne Techniken wie Tonband und Computer?*

AM Ich hab' jetzt in Berlin zum erstenmal die Gelegenheit gehabt, mit moderner Textverarbeitung zu arbeiten, und kann sie eigentlich nur brauchen für die mir am wenigsten wichtige, freilich viel Arbeit einsparende Korrekturphase. Also in dem, was ich als Produktionsphase empfinde, ist das Ding für mich vollständig unbrauchbar. Da ist sogar die Schreibmaschine unbrauchbar, weil ich mich in einen Text hineinmogeln muß; ich muß von der Fiktion ausgehen, daß ich noch gar nicht schreibe, sondern daß ich notiere, daß ich redigiere, daß ich disponiere. Das alles findet handschriftlich statt; und das Konvolut, das so entsteht, wird für mich selber unübersichtlich. Es geht soweit, daß ich meine eigene Handschrift kaum mehr entziffern kann, besonders dann, wenn ich rasch schreibe, die Schnelligkeit der Gedanken verfolgen muß. Der nächste Akt ist dann die Abschrift des Manuskripts; sie hat für mein Bewußtsein schon redaktionelle Züge, so daß der eigentliche Produktionsprozeß bei mir offiziell nicht stattfindet. Das ist natürlich in Wirklichkeit überhaupt das erste Material zum Weiterarbeiten. Das beginnt sich jetzt zu ändern – qualvoll. Ich entdecke immer mehr, daß ich tatsächlich jedesmal neu anfangen muß, maschinen- oder handschriftlich; denn etwas kann sich im Ansatz schon verlaufen haben, und ich renne dann zehn Kilometer in der falschen Richtung. Darum schreibe ich vermutlich so viel und so zwanghaft; alles, was ich in den letzten zehn Tagen geschrieben habe, ist Makulatur. Ich kann bestenfalls den Duft davon gebrauchen. Was mir dabei widerfahren ist auf diesem ersten Holzweg, das wird auf eine immaterielle Weise schon in den zweiten übertragen; man kumuliert Erfahrung bei diesem Prozeß, die sich niederschlägt, wenn es gutgeht, in der erreichten Knappheit. Das ist dann das Kriterium: daß ich so über den Stoff verfüge, daß ich mich entspannen kann und auf das mir Notwendige beschränke.

MC *Wie schreiben Sie einen Roman, wie eine Erzählung? Schreiben Sie neu, wie oft machen Sie Korrekturen, wie planen Sie den Bau beim Roman?*

AM Ja, der Roman ist ein Spezialfall; man kommt ohne einen Bauplan im Kopf nicht aus.

MC *Im Kopf?*

AM Im Kopf! Aber man kommt mit dem Bauplan auch nicht aus. Für mich ist das Romanschreiben ein kontinuierlicher Revisionsprozeß, an dem, was ich mir vorgesetzt habe. Der Bauplan oder die Architektur, für die ich auch Notizen mache, ist mein Sparring-Partner während des Schreibens, dem ich dann teils folge, teils widerspreche. Ich müßte eigentlich von einem Kapitel zum nächsten sagen: Wie ist das entstanden? Das könnte man nur während des Prozesses belegen; da tut man es aber nicht. Und nachher, wenn das Ding mal steht, hat man seine eigene Werkgeschichte nicht mehr im Kopf.

MC *Jedenfalls gehören Sie nicht zu den Autoren wie Pivonas, der sich ganze Pläne mit Farben vorher aufmalt?*

AM Die Dispositionen für meine Romane bestehen in jeweils drei, vier Blättern, wo ich auch Clusters bilde; unterwegs lösen sich viele wieder auf. Bei mir ist ein Roman ein Versuch, einen Teppich zu weben, ein ganzes Gespinst.

MC *Das ist wieder etwas anders als ein Bau; bei Balzac stimmt der Bau, der Raum. Und Wolfgang Koeppen, der meiner Meinung nach ein ausgezeichneter Baumeister ist, sagt, er setze sich hin, und dann fließe es heraus, ohne den geringsten Plan. Das hat mich gewundert. – Und wie ist es bei Ihnen mit einer Erzählung? Schreiben Sie die mehrmals?*

AM Die Erzählung ist etwas, das ich eher in einem Zug schreibe. ›Zusenn oder das Heimat‹ ist eines der wenigen Beispiele, wo ich etwa vier Jahre an der Möglichkeit der Erzählung gearbeitet habe, indem ich den Standort suchte.

MC *Eine sehr lange, eine Elefanten-Inkubationsphase!*

AM Die Geburt ging sehr rasch; die hat in diesem Haus stattgefunden! Schon vor zwanzig Jahren, auch in einem Provisorium zwischen zwei Lebensphasen.

MC *In diesem Haus? Sonderbar, als wir den Hangweg hochgingen, hatte ich die Erzählung vor Augen; in dieser Landschaft hätte das sein können! – Haben Sie von so einem Fall gehört?*

AM Nein. Es war eine kurze Notiz; solche Inzestfälle kommen meist erst gar nicht vor den Richter.

MC *Hat der Film ›Höhenfeuer‹ damit zu tun?*

AM Gar nicht. Ich habe mit Fredi Murer bei einem früheren Projekt zusammengearbeitet. Im weitesten Sinn könnte eine unterschwellige Rezeption abgelaufen sein.

MC *Da hat es auch keine Notiz in der Zeitung gegeben?*

AM Doch, die hat es gegeben. Das war, glaub' ich, ein österreichischer Fall. Wie das zu amplifizieren ist von einem, der ja eigentlich nicht in der bäuerlichen Welt lebt, das ist mir dann von der Sprache her eingefallen. Der Anstoß kam vom Lebenslauf eines Dienstverweigerers, der ein Sektenangehöriger war und kaum schreiben konnte und nur die Sprache der Bibel und das Amtsdeutsch hatte. Ich konnte diesen Lebenslauf lesen, und da wußte ich auf einmal, in welcher Sprache dieser Senn sprechen muß. Ich ging nach Hause mit diesem Ton im Ohr, und dann kam es.

MC *Machen Sie zum Roman auch Vorarbeiten wissenschaftlicher Art mit Zettelkästen, Entwürfen, Recherchen?*

AM Ich glaube, zu jedem Roman habe ich, zwar chaotisch, aber umfassend, recherchiert. Das heißt, ich habe im Zusammenhang mit ›Das Licht und der Schlüssel‹ unendlich viel gewälzt von barocker Zeitmeßkunst; vor allem wurde ich so etwas wie ein Stillebenspezialist für das 17. Jahrhundert. Die Junggesellenmaschine – viele Quellen dieser Art sind da eingeflossen; gebraucht habe ich bei weitem nicht alle; aber ich mußte über sie verfügen können, um zu wissen, welche ich nicht brauchte. Und in diesem Sinn geht jedem Roman eine nicht kohärente, aber intensive Arbeit voraus.

MC *Es gibt bei Ihnen Überbrückungsarbeiten in der Vorbereitungszeit, in der unbewußten Inkubationszeit, bei sogenannten unschöpferischen Zwischenphasen, zum Beispiel Reisen und Lesen. Über das Reisen haben Sie von anderen Autoren Abweichendes gesagt: daß Sie sich zum Reisen zwingen und daß das so sei, wie im Dunkeln zu pfeifen. Anna Rheinsberg allerdings scheint es ähnlich zu ergehen, wenn sie beim Reisen meint, sie rinne aus: »Mein Leben geht zu Ende, mein Schreiben geht zu Ende! Kannst dir'n Strick nehmen.« – Sie haben erklärt, daß jemand, der niemals recht beheimatet oder behaust gewesen sei, diese Angst kenne. Es gibt auch dieses Überkippen, jetzt gerade zu reisen. Sie haben es sehr extrem gemacht, Sie sind sehr weit gereist und haben sich das fremde Leben jetzt wohl auch ins Haus geholt.*

AM Das ist bei mir ein Kapitel für sich; der Japan-Bezug ist wahrscheinlich einer der wenigen kindheitlich-utopisch besetzten, der durch das ganze Leben geht. Das erste Buch, das ich in meinem Leben gelesen habe, hieß ›Hansi und Ume unterwegs‹. Es gibt noch andere Bezüge, die jeder Statistik spotten. Da ist die Fremde offenbar mit Heimatphantasien besetzt gewesen. Es ist kein Zufall, daß ich als erstes nach Japan gereist bin; meine Halbschwester war in den Zwanzigerjahren Privatlehrerin in Japan. Ich war ein extremes Heimwehkind, ich konnte nicht mal zwei Tage von meiner Familie getrennt existieren ohne Panik; dafür bin ich lebenslänglich unterwegs. Man pendelt recht unberechenbar zwischen zwei Extremen hin und her.

MC *Sie sagten vorhin, Schreiben sei selbst eine Droge. Auch der Psychoanalytiker Frederick Wyatt nennt diesen Rausch ein Erhebungsgefühl, das jeder sonst noch so Elende habe; das sei so eine Droge, daß man keine andere brauche. Benützen Sie zum Schreiben stimulierende Mittel: Wein, Tee, Kaffee, Psychopharmaka? Heroin und dergleichen haben Sie wohl nie angefaßt.*

AM Kaffee und Pfeife.

MC *Die Pfeife auch bei der Arbeit? Und wie wird dann Schreibmaschine geschrieben?*

AM Mit der Pfeife im Maul!

MC *Auch nicht ein Glas Wein?*

AM Alkohol ist überhaupt nicht mein Element. Ich mag es nicht einmal bei gesellschaftlichen Anlässen.

MC *Sie haben von gewissen Strategien gesprochen, das weiße Blatt zu überlisten. Gibt es vorbereitende und begleitende Rituale?*

AM Es gibt eine etwas defizitäre Art der Ritualisierung: das ist meine Sammelwut, meine Kaufwut: ich habe nur einen Konsumzwang, das ist der von Schreibwerkzeug. In jeder Stadt, wo ich gelesen habe, muß ich ins nächste Schreibwarengeschäft, um zu sehen, ob wieder ein Kugel- oder Filzschreiber erfunden wurde, den ich noch nicht habe. Das ist mein einziger Tick, dessen ich mir in diesem Zusammenhang bewußt bin. Auf Papier bin ich natürlich auch scharf, das ist klar. Und oft gaukelt ein schön gebundenes Schreibheft bereits ein schön gebundenes Buch vor.

MC *Gab es für Sie Unterschiede zwischen der ersten Zeit des Schreibens und angewachsener Erfahrung?*

AM Die Leichtigkeit der Strategien nahm zu, das Mißtrauen nahm zu!

MC *Schreiben Sie Tagebuch, machen Sie Aufzeichnungen und Notizen für den Fall, daß Sie sie einmal verwenden könnten?*

AM Nein! Ich fordere von mir, daß ich Tagebuch führe, versuche es immer wieder und mache dann die Erfahrung, daß meine Art von Tagebuch die Produktion selber ist; ich meine, da muß ein geheimer Selektionsprozeß laufen, dem ich offenbar zu vertrauen gelernt habe, der mir sagt, das, was ich dann brauche, wird zur rechten Zeit dasein.

MC *Der Psychoanalytiker Wyatt, mit dem Sie bekannt sind, hat mich im Gespräch auf neue Fragen gebracht, die alles komplizieren. Ein guter Autor könne nicht daran interessiert sein, immerfort »Ich« zu sagen, sondern auch daran, sich in jemand anderen hineinzuversetzen. Als-Ob-Spiele – so wie Goethe sich fragte, was wäre, wenn er ein pedantischer Scholar wäre? Und Sie und die siamesischen Zwillinge?*

AM Das sind metaphorische Zwillinge: die Situation ist real wohl nicht denkbar, daß der eine stirbt und der andere ins Tonbandgerät spricht.

MC *Das ist die Form von Über-Transformation ins Groteske, wie ›Die Blendung‹ von Canetti. Adolf Muschg, Sie schreiben viel über Schreiben und Erinnern, das schöne Beispiel des Zeuxis, daß die Macht der ästhetischen Erinnerung sich anstelle des real Erinnerten setze. Sie geben es in Ihrer Vampirgeschichte: »Ich schreibe, also lebe ich: ... Ich bin weder tot noch lebendig, wenn ich schreibe; das Schreiben ist eine eigene Verfassung, ein dritter Zustand, eine Reduktion auf leeres Papier.«*

AM Im Grunde ist der Vampir eine Metapher für das Schreiben.

MC *Ihr Verhältnis zum Ver-Dichten, zur Ent-Stellung im Sinne von Freud, wie ist das? Sie sprechen oft vom Unbewußten, das Sie als die Arbeitsinstanz kennen, die in Ihnen gewirkt hat.*

AM Richtig. Nur leitet mich dies Wissen beim Produzieren überraschend wenig.

MC *Gott sei Dank.*

AM Das Unbewußte ist im Grunde ein Topos; wir wissen, daß dort etwas beginnt, was viel mit uns zu tun hat; aber wie die Verbindungen sind, wie es funktioniert, das ist nicht demonstrierbar.

MC *Demonstrierbar nicht. Es gibt die Instanz, der wir diesen Namen gegeben haben, weil man sie mit keinem der Sinne sehen kann, und wir mutmaßen, daß Träumen und kreative Arbeit dorther kommt – »prägender Art«, etwas entsteht, sagt Wyatt schön, ein Bild, ein Buch. An ihren Folgen kann man sie erkennen, ja? – Immer wieder kommen bestimmte Phasen und Begriffe dieser Arbeit des Unbewußten im Dunkeln vor, vor allem diese vier: die der Präparation, die der Inkubation, die der Inspiration und die der Verifikation oder Kontrolle. Sie haben zu allen schon etwas gesagt; wie stehen Sie insgesamt zu ihnen?*

AM Ich glaube nur, daß in jeder einzelnen Phase des Produktionsprozesses alle vier Phasen beteiligt sind. Denn das, was wir jetzt »Verifikation« nennen, greift ja schon auf der Ebene der Präparation. Für mich würden alle diese vier Musen im Schreibvorgang selber zur Rede kommen, und zwar durcheinanderredend. Daß man den Prozeß für didaktische Zwecke in eine Kontinuität bringen will, verstehe ich; ich erlebe ihn aber als Simultaneität.

MC *Jetzt geht es wieder um die »Säge« des ›Blauen Mannes‹, die tief schneidet und macht, daß einem »die Leere der Welt in die Brust« fällt. Allgemeine Angst. Es gibt sogenannte prä- und postkreative Depressionen, Phasen, in denen man sich leer fühlt und dabei bleischwer wie im Zustand schwerer Arbeit, nach denen etwas anscheinend fertig auf das Papier purzelt.*

AM Wenn ich sage, nie mehr kann ich schreiben, ist es auch, was Robert Walser durch seinen Eintritt ins Appenzeller Asyl gesagt hat: jetzt muß ich nicht mehr! Das ist ein enorm entlastender Satz: jetzt kann ich den ganzen Scheiß abstoßen! Daß die meisten von uns unter einem gewaltigen Leistungsdruck arbeiten, das Meisterwerk des Lebens abliefern zu müssen, sind auch monströse Spiele, die wir mit uns treiben. Das kann destruktiv sein, das kann produktiv sein. Ob ich das Blau des Blauen Mannes oder heitere Bläue sehe, ich erkenne mich heiter wieder in diesem Elend: das Erlebnis der eigenen Idiotie kann enorm befreiend sein!

MC *Erlebnis: es gibt extreme Lebenshaltungen, wild oder windstill. Rilke hat alle zusammengefaßt. Einmal hat er gesagt: »Ein Dichter muß alles erlebt haben.« Ein andermal: »Ein Dichter muß sein Leben zuwachsen lassen wie einen alten Weg.« Wie stehen Sie zu Lebensformen?*

AM Ich? Ich habe das Gefühl, das sind Metaphern für denselben Lebensbefund. Es hindert mich gar nichts, den Rückzug in den Elfenbeinturm als die kühnste Abenteuerreise meines Lebens zu betrachten. Der eine scheint für das Auge der übrigen Welt wild in der Welt herumzujetten, während der andere von Tag zu Tag in seiner Klause von der tiefsten Verzweiflung bis zur höchsten Euphorie die ganze manisch-depressive Leiter durchsteigt und dabei nicht das geringste Geräusch macht. Was was ist, wage ich nicht zu entscheiden; ich meine, Rilke hat zweimal dasselbe gesagt: »Man muß alles erlebt haben«? Der nächste Schritt wäre zu fragen, was bleibt uns von diesen Erlebnissen als ein »zugewachsener Weg«?

JULIAN SCHUTTING

»Wenn aus wirklicher Anschauung ein inneres Bild aufsteigt«

Julian Schutting, 1937 als Jutta Schutting in Amstetten in Niederösterreich geboren, hat in Wien Germanistik und Geschichte (mit Handschriftenkunde) studiert, als Deutschlehrer gearbeitet und lebt nun dort als freier Schriftsteller. Unter dem Namen Jutta Schutting sind zahlreiche Bücher erschienen, u. a. Gedichte – ›In der Sprache der Inseln‹ (1973), ›Lichtungen‹ (1976), ›Liebesgedichte‹ (1982) – und Erzählungen ›Parkmord‹ (1975), ›Sistiana‹ (1977), ›Am Morgen vor der Reise‹ (1978), ›Der Vater‹ (1980), ›Der Wasserbüffel‹ (1981), ›Reisefieber‹ (1988). Gedichte und Prosa haben die gleiche Thematik wie ›Liebesroman‹ (1983): Liebe und Zweisamkeit; Gegenstand sind aber auch Reisen und kurze Landschaftsschilderungen, kühl und genau in der Deskription. Der Wunsch, sich mehr »in verschiedene Figuren aufzuteilen« als in früheren Arbeiten setzt sich im jüngsten Band ›Aufhellungen‹ (1990), unter dem neuen Namen Julian Schutting erschienen, in eine eigene Form lyrischer Zwiegespräche zwischen einer »Er«- und einer »Sie«-Stimme um. Im Wintersemester 1989 hielt Julian Schutting die Poetikvorlesungen an der Universität Graz, als Buch sind sie unter dem Titel ›Zuhörerbehelligungen‹ erschienen; wie einige Dichter und Psychoanalytiker wählt Schutting für die schöpferische Dyade den Vergleich mit der Liebe: »Schriftsteller und Dichter unterhalten mit ihrer Sprache eine manchmal glückliche, manchmal weniger glückliche Liebesbeziehung.«

Aus *Reisefieber*, 1988

»Das rötliche Rauchlicht, das dem Sonnenaufgang vorangeht, steigt wie Wasser an mir und der Mutter hinan, als wir, noch nie bin ich so zeitig aufgestanden, vor der Haustür auf den Lastwagen warten, die Möbel des gestorbenen Großvaters aus Altmünster heimzuholen; und dann fahren wir, immer nach Westen, dem Sonnenaufgang davon und ihm zugleich auch nach Westen entgegen, auf die von unserer raschen Fahrt und dem frühen Morgen wieder steigen gemachte Sonne zu, und sie steigt so langsam aus der am Horizont endenden Straße, aus dem hohen Gras, aus den Büschen und dann auch Bäumen, als wollte sie überall dort verschwinden, wo sie uns aufgeht; in den Ortschaften, auch dort das rötliche Sonnenaufgangsnebellicht, wird uns mit Milchkannen zugewinkt, zuerst nur von Bauern, dann auch von Bürgersfrauen, zuletzt von Kindern auf dem Schulweg mit ihren Jausensäckchen und zuallerletzt von verschlafenen Spätaufstehern aus vor Tuchenten überquellenden Fenstern, auf allen Marktplätzen riecht es nach frischem Brot, der Germgeruch ist in dem Sonnenaufgangsrauch festgehalten, und sooft wir durch Stadttore fahren, bücken wir uns, denn wir stehen wie in einer Aussichtskanzel hinter dem Führerhaus, bücken uns, um vom Osttor aufs Westtor zu schauen und da wie dort dieselbe Sonne auftauchen zu sehen, im Westen ein wenig später als im Osten, hinter dem Stadttor wie in den Wiesen,
und dann stehen wir am Traunsee, Schwäne, meine ersten Schwäne, recken die blassen Hälse, so übel ist mir von dem plötzlichen Anhalten vor dem Wasser, hoch schießt die Sonne über uns hinauf,
Schlafende Griechin, die jenseits des Sees und hoch über seinem Wasser in ihrem Geheimnis schlafen bleibt, spurlos in den Berg, der nach ihr heißt, eingegangene fremde Frau, denn wie eifrig ich sie auch da oben liegen und schlafen sehen möchte, in Gestein verwandeltes Fleisch, weiß ich sie nicht zu lesen, starre sie an, ihr vielleicht ins Gesicht, ohne sie zu erkennen, wandere, ihr Gesicht suchend und ihre Gestalt, mit so und so geneigtem Kopf ihr starrer Felskamm bleibendes Schlafen ab, kein einziger menschlicher Zug ist an ihr auszunehmen – sie wird mir

nicht davonspringen wie ein Reh, wird stillhalten in ihrem ewigen Schlaf, bis – wann erst? – in der Wolke aus Stein ihre Umrisse ich erkennen werde!«

MECHTHILD CURTIUS *Julian Schutting, bestimmte Motive kehren in Ihren Dichtungen immer wieder; Blume als Symbol, als Metapher – der Mohn, der betäubt, der im Opium ist, das Erinnern, das Reisen. Im Verlauf Ihrer Bücher habe ich ein wachsendes Umschlagen von Reisehaß und -furcht in Liebe beobachtet. In ›Parkmord‹, 1975, war es noch mehr ein Alpdrücken, zum Beispiel in der Geschichte ›Wohnungen‹ die Idiosynkrasien; Rituale der Abfahrt und Ankunft sind ja nur notwendig, wenn jemand Angst hat. Sie schreiben: »niemand das Haus in Asche gelegt... Erleichterung,... die Tür so flüchtig zugeschlagen«. Also die Furcht, es hätte jemand eindringen können während der Abwesenheit des Ich-Erzählers. Später, ›Am Morgen vor der Reise‹, 1978, ersetzt immer mehr die Zuneigung zur Reise die anfängliche Furcht. Gleich zwei Buchtitel füllen die »Reisebilder«, einmal die der Kindheit, ›Frühe Reise‹, und dann ›Reisefieber‹: die ganze Welt, Europa nach Kanada, Ägypten nach Triest, Italien und die Alpenländer immer wieder, viel Dorfleben. Woher haben Sie das Wissen um diese sehr unterschiedlichen Reisen und Landschaften, um das Verhalten von Leuten und Dörfern in ganz verschiedenen Landstrichen der Erde?*

JULIAN SCHUTTING Ich bin in einer Kleinstadt aufgewachsen; mein Vater war Tierarzt, da bin ich natürlich viel mit ihm in Dörfer gekommen; ich lebe zwar seit vielen Jahren – ich war sechzehn, wie ich nach Wien gezogen bin – in der Großstadt, aber ich bin eigentlich ja schon ein Großstädter, der zugleich auch jemand vom Land geblieben ist. Es ist so merkwürdig, wenn man sich als jemand vom Land Kommender in der Großstadt bestätigt, indem man dort Dinge sieht, die die Städter nicht sehen. Ich brauche nur zum Himmel aufzuschauen, und ich sehe Turmfalken, ich sehe am Abend über das Burgtheater Wildenten hinwegfliegen. Vor gar nicht langer Zeit habe ich einen Fasan durch eine Gasse laufen gesehen, der ganz sicher nicht einer Wildbrethandlung entkommen ist, sondern wirklich aus dem Wienerwald hereingeflogen. Ich sehe auch viele Hirschkäfer, und um die Jahreszeit, wo sie offenbar flirten, das ist Ende Juni, gehe ich dann bestimmte Wege, um sie umzudrehen. Sie fallen da auf den Asphaltwegen auf ihren schweren Panzer und können sich nicht mehr allein umdrehen; so gehe ich Hirschkäfer retten, wie Pfadfinder alte Damen über die Straße zerren, um sich den Tag zu retten. Ich hab' mich auch immer interessiert, das Landleben kennenzulernen, so wie ich in Dörfern zuerst auf den Friedhof gehe, um die Namen der Geschäfte wiederzuerkennen.

MC *Kommt denn von Ihrer ländlichen Kindheit her auch die Neigung, mit Pflanzen literarisch zu arbeiten?*

JSCH Ich bin als Kind schon sehr gern in den Wald spazierengegangen. Mein Großvater war Forstingenieur, ein Onkel Botaniker. Das hat damit zu tun und damit, daß ich später sehr viel Bergsteigen und auch Skifahren gegangen bin und außer der Kunst nichts so tröstlich gefunden habe in Zeiten, wo es mir schlecht gegangen ist, als mich in Natur zu bewegen und es zu erreichen, in mir in Einklang zu kommen mit dieser Natur. Es ist sehr beruhigend, wenn man selber von etwas sehr zerrissen ist und alles in einem ins Wanken gerät, wenn man da einem Berg gegenübersitzt, der immer gleich und immer anders ist und eigentlich erst dadurch lebt, daß er in einem selber lebt, indem man dort in seinem Schatten zu sich kommt. Damit hat meine Naturliebe zu tun. – Wenn ich in der Stadt durch Gassen gehe und mir dort schöne alte Fassaden, Fenster ansehe, in denen sich Wolken spiegeln, das tut mir auch sehr gut, oder zu fremden Häusern aufzuschauen und zu überlegen, welches Lebensgefühl hätte ich wohl, wenn ich in diesem oder jenem Haus aufgewachsen wäre. Das ist aber zugleich etwas Traurigmachendes, weil man sich dabei als ein Ausgeschlossener empfindet, und da hilft ja doch nur eines, zu sehen, daß das nächste Wirtshaus beleuchtet ist und mit seinem Licht genau mich meint. Dort soll ich hingehen, und dort kehr' ich ein, um mich von diesem Lebensgefühl, von jenen Erforschungen oder Spekulationen zu erholen. – Ich möchte in Benennungen von Bäumen, in den Beschreibungen von Landschaften ganz wahrhaftig sein; nicht realistisch, aber das muß stimmen. Wenn ich eine Skizze vorbereitet hab', überlege ich: kann denn das ein Bergahorn gewesen sein in dieser Höhe? Und dann rufe ich eben im Salzkammergut einen der Jäger oder Förster an: kann das stimmen? Ich stamme aus einem eher amusisch geprägten Elternhaus, und mein Vater und meine Mutter haben, wenn sie einmal etwas Literarisches betrachtet haben, immer sofort mit Ironie erkannt, was da nicht stimmt. Diese Fehler möchte ich gern vermeiden. – Das hat natürlich auch mit Stifter zu tun; an ihm hab' ich mich orientiert, an seiner Genauigkeit. Es ist merkwürdig, daß Sie vorher diesen Punkt mit der Angst berührt haben; dazu hat mich nun vielleicht im Anfang Stifter gebracht, daß ich mir mehr Ängste suggeriert als wirklich gefühlt hab', um dieses Stiftersche Lebensgefühl darstellen zu können, das Beruhigung darin findet, Ängste durch Rituale zu bannen. Und wenn man sich einmal auf bestimmte Gefühle einläßt, und darauf, sie darzustellen, dann hab' ich eben sehr viel Angst und Beklemmung dargestellt. Das hat auch damit zu tun, daß ich in der Zeit des Dritten Reichs ein Kind war und die Beklemmungen der Erwachsenen sehr wohl gespürt hab', wenn ich natürlich auch das Politische daran nicht so erkannt hab'; aber auch alle diese Beklemmungen hab' ich dargestellt und erst viel später, wie Sie sagen, Gefühle der Entzückung und des Enthusiasmus. Aber es ist Enthusiasmus auch viel schwieriger zu beschreiben als Beklemmung, wie auch Schönheit und Glück um so vieles schwerer darzustellen sind als Unglück und Häßlichkeit und Gemeinheit. Ich denke, auch deswegen gibt es in der Literatur um soviel mehr Trübseliges, weil man dem rascher gewachsen ist, in der Wiedergabe.

MC *Mit Hunderttausenden teilen Sie diese Herkunft, aber nur wenige machen eine Blume zur Metapher. Sie haben gesagt, es gebe diesen besonderen Blick, der unabhängig von der Landschaft und vom Dorf auch in den Städten entsteht und der in Ihnen wirkt; ich habe es gesehen beim Gang durch Frankfurt, das Sie ein wenig wiedererkannten, vieles verglichen und neu auf sich wirken ließen; dies an Ihnen zu beobachten, kann jemandem, der hier immer wohnt und meint, aufmerksam zu sein, schon etwas Neues bedeuten. – Sie sagen immer wieder, daß es bei Ihnen Angst, Verwirrung und das Gefühl, nicht dazuzugehören, gegeben habe, man liest es ja auch schon in den Kindheitsgeschichten. Mögen Sie darüber sprechen? »Zerrissenheit« haben Sie es einmal genannt.*

JSCH Das ist ein sehr großes Wort. Ich habe gemeint, wenn man über eine Sache sehr unglücklich und wirklich zerrissen ist: wenn man uneins mit sich ist, und das ist man doch oft, wenn man nicht wirklich das Glück hat, eine Liebesbeziehung zu haben, in der man einander würdig ist. Diese Frage der Zugehörigkeit kann man sozial erleben; ich komme aus einem etwas heruntergekommenen akademischen Hause. Ich hab' mir mein Studium selbst finanziert und mußte sehr genau überlegen: in welche Vorlesungen gehe ich, in welche nicht. Nichtzugehörigkeit dorthin, auch Nichtzugehörigkeit zum Proletariat, in Österreich gibt es das kaum, die Arbeiterklasse ist weitgehend kleinbürgerlich geworden. Ich wäre lieber vielleicht ein Maler. – Und dann war da natürlich der Punkt, daß ich mich immer – der männlichen Seite zugehörig gefühlt und gewußt habe. Aber was hilft das, wenn man aufgrund der Papiere und der Bürokratie dorthin verwiesen wird, wo man vermutlich auch ganz gern wäre, wenn man sich dort zu Hause fühlte. Also hab' ich diesen Namen »Jutta Schutting« einfach als eine Art Dichterpseudonym – um diesen blöden Witz zu machen – ganz gut ertragen. Aber den Vornamen für sich allein niemals; jetzt müssen halt alle hinnehmen, daß ich nun auch amtlich-bürokratisch-rechtlich dort zugehörig bin, wo ich es, was mein Empfinden betrifft, immer gewesen bin.

MC *Ein Dichter – »Mann oder Weib, lebend'ge Seele«, urteilt Annette von Droste-Hülshoff; ich zitiere sie, um zu bekräftigen, was Sie einmal gesagt haben, daß es recht einerlei sei für die literarische Qualität. Ihre literarische Qualität steht doch außer Zweifel. Ich möchte auf Stilistisches eingehen: Wörter, »Wortungeheuer einer Intelligenzbestie«, »Schönbrunnergelb« – in ›Aufhellungen‹ –, »Sonnenaufgangsrauch« und »Nachtschichtlicht« – in ›Reisefieber‹ –; wie erklären Sie es sich, zu diesen Wortneuschöpfungen zu kommen, die nur eines von vielen Elementen stilistischer Erneuerung bei Ihnen sind?*

JSCH Erstens find' ich, an sich sind unschöne bürokratische Wörter ein Mittel, dem zu entkommen, daß etwas zu schön geschrieben ist. Damit kann ich Wörter austarieren wie »Mond« und »Mohn«. Man kann auch sehr wohl Begriffe, die seit Jahrhunderten als Metapher verwendet werden, in einer neuen Weise wieder als Metapher verwenden.

MC *»Nachtlicht« wird anders, indem es »Nacht*schicht*licht« wird, und durch diese stechenden Endungen entrinnen Sie endgültig jeder Mondnachtsüßlichkeit.*

JSCH Ja, das ist wahr. Es ist ja auch wirklich ein Nachtschichtlicht, nicht? Wenn Sie heute an Fenstern vorbeigehen, wo das Fernsehen eingeschaltet ist; als fände hier eine Operation statt; es ist dieses merkwürdige, unheimliche Blau. Ein pulsierendes Blau. Es gibt auch in Spitälern dieses leicht unheimliche Magrittesche, Delvauxsche Nachtschichtlicht. Es muß einmal inhaltlich gedeckt werden; das Ganze hat aber auch mit Sprachökonomie zu tun; wenn man dazu neigt zu verkürzen, so knapp wie möglich in der Deskription zu sein, lassen sich auf diese Art Relativsätze und Präpositionalobjekte vermeiden.

MC *In Ihrem letzten Buch ›Aufhellungen‹ gibt es Zwiegesprächsgedichte zwischen einer »Sie«- und einer »Er«-Stimme, Zwillingsgleichheit wie bei Musil und Thomas Mann. Adolf Muschg nutzt auch diese bis zur Androgynie, bis zum Inzest gehenden Personendoppelungen in seinen ›Liebesgeschichten‹. Er hat gesagt, das sei eine besonders gute Form, »das eigene im fremden Ich zu deponieren. Du bist wie ich, aber du bist nicht Ich.« Besonders oft meine ich das bei österreichischen Dichtern beobachtet zu haben. Denken Sie an Robert Musils »unausgeträumte Zuneigungen der Welt«, zwischen Agathe und Ulrich.*

JSCH Ja, das ist ein heikles Thema; ich bin jetzt eher interessiert, diesen Punkt zu überwinden. Im Band ›Aufhellungen‹ kommt das vor. Ausgehend von dieser schönen platonischen Idee der zwei Hälften: auseinandergehauen in zwei Hälften, suchen sie sich in vielen anderen Hälften, treten immer mit falschen Hälften zusammen, bis dann einmal die zwei richtigen zusammenkommen, die sind dann voll der Selbstgenügsamkeit. Dieses Glück läßt dann ein Gott nicht zu – das steht bei Aristophanes –, daß wieder ein Gott kommen muß, sie, wie Birnen, die man einweckt, auseinanderzuhauen. Dann beginnt das Spiel von vorne. Es gibt diese große Übereinstimmung. Ich habe eine solche Liebe gehabt. Der habe ich, wenn man so sagen darf, ein Denkmal gesetzt in dieser »Traumprobe«. – Ich mag dieses Sich-Spiegeln im andern eher nicht mehr; natürlich ist es gerechtfertigt, das mit großer Virtuosität zu einem Thema zu machen. Aber ich sehe immer stärker daran diesen narzißtischen Zug, wenn man dessen bedarf, sich im andern zu spiegeln; es ist von einer großen Egozentrik, wenn man es am liebsten hat, daß das, was man selber denkt und fühlt, von einem »zweiten Ich« erwidert wird. Heute würde ich genau das Gegenteil haben wollen und habe daher jetzt eine Liebe, die ganz anders ist; sie hat eine andere Auffassung von Literatur und überhaupt von Kunst. – Was diese Zwillingsidee da betrifft, das ist in Österreich häufig; das ist etwas sehr Ungutes, das ist die österreichische Selbstverliebtheit. So selbstverliebt ist die Kunst eigentlich nur in Österreich, und das wird mir langsam widerlich; das möchte ich, so gut ich kann, nicht mehr mitmachen.

MC *Sie sind doch noch immer Wissenschaftler, vielleicht gerade weil das Studium nicht unkompliziert war und Sie den Widerspruch gefunden haben, der ja bekanntlich produktiv macht, wie Goethe zu Eckermann sagte. Ihre literarische Genauigkeit ist wohl auch eine Folge von wissenschaftlicher Akribie – wenn Sie den Forstmeister anrufen und fragen: Kann in dieser Höhe ein Bergahorn überhaupt existieren? – Gibt es noch immer Spannungen zwischen diesem einstmals erlernten »bürgerlichen Beruf« und dem anschließenden Schulmeister-Sein und dem freien Autor? Oder hat sich das inzwischen besänftigt oder auch aufgehoben?*

JSCH Ich muß zuerst einmal in Abrede stellen: »Wissenschaftler!« Ich hab' ja nur ein Germanistik- und Geschichtsstudium, hab' Doktorat und dann ja doch bitte ganz schlicht unterrichtet. Ich hab' sicher diese Genauigkeit in einer ganz pragmatischen Weise, auch zu denken und in jeder Spekulation vorsichtig zu sein, vor allem in der Geschichtswissenschaft gelernt, und zwar im Studium der Paläographie. Ich war auch einige Zeit spezialisiert auf mittelalterliche Handschriften. Das waren sehr nützliche Übungen, später entsprechend behutsam mit Wörtern umzugehen. Das zweite war, daß mich die Erkenntnistheorie immer interessiert hat, in Wien natürlich auch Wittgenstein. Ich habe dem Studium vielleicht eines zu danken, nämlich daß ich mich philosophisch nicht auf das Gebiet des Dilettantismus begebe; auch wenn mein Germanistikstudium nur eine Enttäuschung war; allein das Deutsch, das diese Lehrer geschrieben und auch gesprochen haben, und auch die Gedanken, deren sie fähig waren. Ein Lehrer bin ich dann an einer höheren technischen Lehranstalt – in Deutsch – zwanzig Jahre gewesen. Mir waren diese Schüler sehr angenehm; es waren keine Gymnasiasten, die sich leicht etwas hinschmieren wie Journalisten, sondern die ganz streng ihre Sätze bauen; Deutsch war für sie wirklich eine Fremdsprache, ihre Sprache war die der Mathematik und der technischen Fachdisziplin. Natürlich waren die zu gewinnen für Fragen der Grammatik und der Syntax, und daß man Satzgefüge symbolisch auflöst, das hat denen sehr gefallen. Nun waren die durch ihre Genauigkeit in der Technik auch für etwas zu gewinnen, das man nicht für möglich halten würde: für die Interpretation von Gedichten! Die wollten keine freien Aufsätze schreiben, was auch für ihre Seriosität spricht, sondern Gedichte interpretieren; so von Zeile zu Zeile. Da ich mich auch dafür interessiere: worauf ruht die Wirkung welchen Gedichtes? Wie ist dieses und jenes Goethe-Gedicht geschrieben? Welche Zeile ist es, die das Ganze überstrahlt? In welchem Wort schießt formelhaft das ganze Gedicht zusammen? Das muß einen doch eigentlich interessieren, wie etwas gemacht ist; das rein Technische.

MC *Ja, und dazu gehört die Pragmatik des Alltags. In deren Kontext stehen auch meine Fragen zu Ihrer Arbeitsorganisation und -technik. Z. B.: Schreiben Sie jeden Tag oder mit Pausen? Zu bestimmten Stunden? Sind Sie ein Morgen- oder ein Abendmensch? Haben Sie viel Arbeitsdisziplin, arbeiten Sie mit oder auch ohne »Lust zur Arbeit«?*

JSCH Ich bin in meiner Arbeit vom Ort unabhängig, ich kann überall arbeiten, in der Eisenbahn genauso wie in irgendeinem Hotelzimmer, sofern das Licht ausreicht. Ich bin ein Nachtmensch, habe mich aber zum Morgenmenschen umzuerziehen versucht. Nun bin ich beides oder keines von beiden; das heißt, ich stehe eher früher auf als es mir guttut. Ab zehn beginn' ich sehr langsam zu arbeiten, geh' dann mittags meist ein bißchen spazieren, esse im Spazierengehen irgendeine Wurstsemmel; wenn's geht, leg' ich mich eine Viertelstunde hin, um ein paar Minuten in den Schlaf zu tauchen, den allerleichtesten Schlaf, und dann arbeite ich weiter, am besten am späten Nachmittag. Ich bin in der Arbeit, glaub' ich, ganz diszipliniert. Schön ist es natürlich, im Jagdfieber zu arbeiten, wenn man so ganz beflügelt ist von einer Idee; aber fast eine noch größere Lust, weil eine sicherere, ist es mir, ein Gedicht, wenn es so gut wie fertig ist, noch einmal zu überarbeiten; ich arbeite dann am liebsten im Liegen.

MC *Schreiben Sie, wenn Sie zu Hause sind, mit der Schreibmaschine oder auch mit Computer, benutzen Sie Tonbandgeräte und andere moderne Technologie?*

JSCH Nein, benütz' ich nicht; ich habe eine mechanische, sehr laute Maschine, und ich würde auch von diesen neuen Verfahrensweisen für mich gar nichts halten; ein neues Gedicht schreib' ich auf ein ganz großes Blatt; alle anderen Möglichkeiten schreib' ich in Farbe rundherum auf, streich' sie durch, mache Pfeile, ob dies gegen jenes ausgetauscht werden könnte. Das muß ich in einzelnen Blättern vor mir haben. Meist schreib' ich schneller, als ich denke, so kann ich mir Zeit lassen. Ich beginne meist handschriftlich zu skizzieren, was eben damit zu tun hat, daß ich so wenig wie möglich sitzen, sondern lieber liegen will. Und dann schreib' ich aber doch bald eine erste Fassung, weil ich zu meiner Handschrift sehr wenig Vertrauen hab'; da wirkt alles so beglaubigt, wie eine Unterschrift; die Schwächen werden erst in der ersten Objektivierung durch die Maschine sichtbar. Dann fang' ich an, mit der Hand hineinzuschreiben, skizzier' auf der Rückseite andere Versionen.

MC *Machen Sie auch Vorarbeiten wissenschaftlicher Art mit Zettelkästen, Recherchen und Notizen?*

JSCH Nein, ich notier' mir meist nur einige Stichwörter; ich hab' keinen ordentlichen Schreibtisch, nur eine Schreibplatte. Da schreib ich mir dort manchmal Wörter hin. Und Recherchen? Ich könnt' Ihnen ein Beispiel nennen: mein nächstes Buch wird eines über das Salzkammergut sein und bestehen aus Landschaftsbeschreibungen; da kommt die Schlafende Griechin vor, dieser schöne Kalkberg. Das entsprechende Kapitel ist eine Fieberphantasie, daß ich diese Schlafende Griechin wie der Don Giovanni den Komtur an meinen Tisch bitte und ihr sag', daß sie doch beseligt sein muß, wenn in ihr – also Kalziumkarbonat – zwei oder drei Elemente eine chemische Hochzeit gefeiert haben und eine

Verbindung eingegangen sind, die so beständig ist, daß sie nur durch Feuer zu lösen wäre; diese Idee mit der chemischen Hochzeit und Anziehung zwischen zwei Elementen gleicht den ›Wahlverwandtschaften‹. Aber das war mir dann doch nicht ganz geheuer; da hab' ich einen Naturwissenschaftler gefragt, und der hat mir dann gesagt, da ja Kalk aus dem Zerfall von organischen Substanzen besteht, ist das Ganze eher einer Ehescheidung als einer Eheschließung zu vergleichen! Und solche Richtigstellungen nehme ich mit hinein.

MC *Benutzen Sie zum Schreiben auch stimulierende Mittel: Wein, Tee, Kaffee, Drogen, Psychopharmaka?*

JSCH Ich hab' Drogen nie probiert und finde, wenn man nicht selber fähig ist, sich in einen bestimmten Zustand zu versetzen, dann soll man es sein lassen. Aber ich rauch' Zigaretten, und ich hab' einen niedrigen Blutdruck und muß Kaffee trinken; das gehört zum Aufstehen dazu. Gegen Abend trink' ich verdünnten Rotwein, als Wachhaltemittel, ich werd' von Rotwein eher munter; aber ich würde das nicht als ein Stimulans bezeichnen.

MC *Gibt es bei Ihnen zum Arbeiten bestimmte vorbereitende und begleitende Rituale, bestimmte Handgriffe?*

JSCH Wenn mir eine Idee gekommen ist, dann überleg' ich kurz, was mir konkret einfiele und schreib' mir ein paar Wörter auf, weil ich meinem Gedächtnis nicht trau', was völlig lächerlich ist. Und dann geh' ich spazieren. Dieses Entwickeln – ich kann nicht sagen wie Kleist – der Gedanken im Gehen –, aber ich kann sagen, daß man so zugleich geistesabwesend ist, daß man herumschaut und scheinbar an ganz anderes denkt. Dabei bin ich überzeugt, daß sich das in mir unterirdisch von selber zu organisieren beginnt: Ich hab' diesen einen Gedanken gehabt, und das ist dann wie ein Same, der hinunterfällt, und dann blüht etwas auf. In diesen ersten Tagen sind mir auch Ablenkungen willkommen, wenn es mich auch eigentlich ärgert, daß ich jetzt zu einer Lesung fahren muß. Auf der Hinfahrt klingt mir dann immer wieder dieser Einfall nach, und es gesellt sich etwas hinzu. Wenn ich aus dem Eisenbahnfenster schau', wird dann manches schon dafür brauchbar. Die Sache sich irgendwie selber ohne viel Zutun entwikkeln und in sich aufsteigen zu lassen – wenn man das als Ritual bezeichnen kann, dann eventuell ja.

MC *Sie haben ja nun schon widersprochen, Transformationen, ausgesprochene Ver-Dichtungen im Sinne von Freud – meinen Sie das nicht? – und Erfindungen zu machen! Thomas Mann hat von sich auch gesagt, das »Erfinden aus der Luft sei nicht seine Sache« gewe-*

sen. Und dann hat er gefordert »das Recht des Dichters, die Wirklichkeit zu benutzen«. Wie stehen Sie zu dieser Ansicht?

JSCH Ja, es läßt sich nichts aus der Luft erfinden; meiner Vorstellung nach gilt das für alle Dichter, indem sie etwas nicht haben, nämlich eine Trivialphantasie. Die Fähigkeit zu imaginieren, Imaginationen zu haben, ist dann doch etwas ganz anderes. Die Imaginationskraft ist dann hochzuschätzen, wenn einem aus wirklicher Anschauung auch ein inneres Bild aufsteigt, diese große Kunst, wie sie Goethe beherrscht hat. Thomas Mann ist doch auch in allen seinen Figuren präsent, und Tolstoi. Wozu diese beiden fähig waren und worum ich sie über alles beneide, das ist diese Fähigkeit, sich in verschiedene Figuren aufzuteilen; soweit bin ich noch nicht; ich kann schwer noch über mich hinaussehen. Ich hab' leider, wenn es um eine Gegenfigur geht, diese sehr schattenhaft dargestellt. Insofern geb' ich Thomas Mann noch einmal recht; man soll der eigenen Anschauung trauen und selbstverständlich auch der Beobachtung von Freunden oder Lesern. Ich werde meist durch etwas Wirkliches inspiriert, und sei's durch eine Zeitungsnotiz über irgendeinen merkwürdigen Unfall. Natürlich geh' ich dann manchmal her, die Möglichkeiten diskursiv darzustellen, die diesem Ereignis zugrunde liegen könnten, oder die Konsequenzen daraus zu entwickeln, so wie man in der darstellenden Geometrie Kurvendiskussionen macht; oder sage, das könnte sich so und so entwickeln, da könnte die Ursache dies und jenes sein; das darf dann aber nicht mechanisch ablaufen; auch muß es als Spekulation gekennzeichnet sein. Aber daß ich nur so hergehe und mir etwas ausdenke, das würde ich nicht können und auch nicht wollen. Also ich möcht' nicht nur, daß der Bergahorn stimmt, wo er beschrieben wird, sondern auch ein Gefühl; eben die Liebe, die ich kenn' und die mir entgegengebracht worden ist, von viel anderer Liebe weiß ich gar nichts; darauf würd' ich mich nicht einlassen.

MC *Natürlich, Herr Schutting, jeder Dichter wird nur aus dem Fundus seines Erlebens, seiner Beobachtung schildern und transformieren, umformen können. Wie sehen Sie eigentlich insgesamt das Verhältnis von der verwendeten Wirklichkeit und der Dichtung? Und wo, meinen Sie, ist die Arbeitsinstanz, in der dieser seltsame dichterische, ver-dichtende Prozeß entsteht?*

JSCH Das klingt jetzt, als ob es nicht zum Thema gehören würde: ich bin katholisch, also auf dem Papier. Etwas, was mir immer eingeleuchtet hat und das einzige, woran ich vielleicht wirklich glaube, das ist die Consecration, die Idee, daß über ein Stück Brot (das ist dann die

Hostie) ein heiliges Wort gesprochen wird, ein Wort, an das die anderen glauben – »mysterium fidei« heißt das, Geheimnis des Glaubens –, und daß dieses Brot nachher tatsächlich ein anderes Brot ist. Das gilt auch zum Beispiel für Stilleben, für die Kunst: was da abgebildet ist, ist immer noch Brot, aber der Maler ist fähig, den Körper, den ein Brot hat, und die Konsistenz, die es hat, und das Volumen und die Schwere zu zeigen; er malt nur die Rinde, aber an der Rinde ist sichtbar, welche Farbe es innen hat, welche Dichte, wie viele Luftblasen. Das ist ein Beispiel für die Verwandlung von Wirklichkeit in Kunst, und es ist ja wohl wirklich eine Transfiguration, daß das Brot nun geisterhaft ist; im Glücksfall gelingt so etwas; es wäre für mich die reine Dichtung, daß etwas, das wirklich vorhanden ist, und sei es ein Wolkenhimmel, durch die Kunst fortbestehen bleibt und zugleich etwas anderes wird. Zugleich auf einer etwas niedereren Ebene gibt es die Wirklichkeit in der Kunst durch *Deskription*. Ich würde die Deskription in der Kunst als eine hohe Kunst ansehen. Das ist doch wohl auch ein Motiv in der Kunst, daß man, wenn man etwas sehr Merkwürdiges oder sehr Schönes oder sehr Bewegendes gesehen hat, es beschreibt, weil es einem leid tut, daß andere es nicht gesehen haben. Im Glücksfall ist ja die Wirklichkeit selber etwas Poetisches, und das gehört sicher mir, von dem ich annehmen kann, daß nur ich es so sehen und beschreiben kann; und das an Wirklichkeit darf ich mir ohne alle Skrupel nehmen! Ansonsten würd' ich im Umgang mit der Wirklichkeit bedacht sein, all dem Gerechtigkeit widerfahren zu lassen, was man auf den ersten Blick geringschätzig beurteilt; das versuch' ich immer wieder; das hat vielleicht auch mit wissenschaftlicher Objektivität zu tun, jeder Sache irgendwo Gerechtigkeit widerfahren zu lassen. Etwas würde ich nicht tun: Menschen, die dann erkennbar sind, zu verzeichnen, das fände ich – ich rede jetzt nur von mir –, das fände ich wirklich ungehörig.

MC *Es gibt wissenschaftliche Versuche einer Systematisierung, vor allem die Unterscheidung in die vier Phasen des Schöpferischen, dieser Arbeit des Unbewußten im Dunkeln. Ich nenne sie noch einmal: 1. die Präparation – die Vorbereitung, 2. die Inkubation – das Heranreifen, 3. die Inspiration – »Erleuchtung«, 4. die Verifikation – Überarbeitung und Kontrolle. Sie haben über einige Phasen schon recht viel geäußert; ich möchte nur noch um eine zusammenfassende Stellungnahme bitten.*

JSCH Ja, ich würde annehmen, daß die Inspiration das erste ist. Mag sein, daß dies voraussetzt, daß man in einem empfänglichen Zustand ist. Es muß etwas sein, ein Same, der eben dann Wurzeln schlagen oder ein Blatt werden kann; aber wo sich das hinentwickelt – da möchte ich der Sache selber noch ein bißchen die Freiheit lassen, sich in der ihr gemäßen Weise wie von selbst zu organisieren, und wenn ich dann sehe, es wird so und so sein, fang' ich wirklich beim ersten Satz an. Meist ist es so, daß bei mir im ersten Satz in nuce alles vorhanden ist; aus dem ersten Satz ergibt sich dann alles. Und wenn ich es einmal durchgeschrieben hab', meist in die Maschine, leg' ich mich damit aufs Bett, beginn' das ein bißchen zu überarbeiten. Dann laß' ich es liegen, vielleicht ein Dreivierteljahr.

MC *Die alte Frage vom Verhältnis Kunst und Leben ist Ihnen als Germanist und Historiker bekannt: einige Romantiker z. B. forderten, wild und ekstatisch zu leben, andere lebten zurückgezogen wie Thomas Mann. Rilke hat beide Zustände in Worte gefaßt. Einmal schreibt er: »Ein Dichter muß alles erlebt haben«; dann schreibt er: »Ein Dichter muß sein Leben zuwachsen lassen wie einen alten Weg.« Was sagen Sie dazu?*

JSCH Ich möcht' so gesund und vernünftig wie möglich leben. Ich möchte Städte und Landschaften auf mich einwirken lassen, ich möcht' mich manchmal auch den unguten Seiten des Lebens preisgeben. – Ich habe das Bedürfnis, bisweilen etwas anderes zu sehen, die Landesgrenzen zu überschreiten, nach einer Ich-Erweiterung nach all dieser Ich-Verengung durch das Über-einer-Sache-Brüten; für mich find' ich es nötig: alle paar Wochen aus diesem Österreich hinaus in ein fremdsprachiges Land zu gehen.

HERMANN BURGER

»Wie sind Phantasie und Realität ineinander verschmolzen?: Schreiben ist ein Korrigieren der Wirklichkeit«

Hermann Burger, 1942 in Burg in der Schweiz geboren, zum Außenseiter »programmiert« und dennoch diszipliniert genug, sich dort um »Integration« zu bemühen, wo man zwar Gedankenleistung verlangt, aber auch Normenanpassung, in der Universität. Burger, nicht nur promoviert, auch habilitiert, nach eigenem Zeugnis »muttergeschädigt«, wurde dank Demütigung durch die »Alma mater«, die ihn nach der Habilitation ablehnte, so neu-geschädigt, daß er in Schwermut verfiel; deren Analysegeschichte ist der Roman ›Die Künstliche Mutter‹ (1982). Protagonist Schöllkopf, nach eigenem Urteil eine Verdichtungsfigur des Hermann Burger, versucht zu gesunden, indem er ein in den Schweizer Bergen gelegenes Sanatorium aufsucht, sinnbildlich: sich zurück in den Schoß der Mutter Erde, oder auch der Mater Helvetiae, zurückbegibt, um neu geboren zu werden, als ein gemütsgesunder Mensch.

Es ist ihm, es ist Hermann Burger nicht gelungen. Frühe Anerkennung seiner Begabung (u. a. Hölderlinpreis 1983, Poetiklehrstuhl 1985/86) konnte seine »Depressionen« nicht heilen; die »Krankheit« hat ihn umgebracht. Am 28. Februar 1989. Dieses Buch ist ihm gewidmet. Hermann Burger studierte Germanistik und Kunstgeschichte an der Zürcher Universität, promovierte über Paul Celan und habilitierte sich mit einer Arbeit über unveröffentlichte Schweizer Zeitgenossen; produktiv, wie Burger war trotz Störungen durch die Schwermut, veröffentlichte er seit 1967 Gedichte, die ›Kirchberger Idyllen‹, kenntnisreiche Poesie des »locus amoenus« samt Pflanzenerotik und -metapher. Romane, Erzählungen, Essays verbinden seine beiden Existenzen als Dichter und als am Abgründigen und Abgelegenen besonders interessierten Literaturwissenschaftler. Elemente wie aus Canettis Groteske und Gotthelfsche Schweizländlichkeit fügen den Schulroman ›Schilten‹ (1977) zur artifiziellen Jean-Pauliade eines neuen ›Schulmeisterlein Wuz‹; Burgers Todessüchtigkeit läßt ihn Todesbräuche einfügen.

Der Zentgraf ›Diabelli‹ (1979) stirbt so explosiv, daß das Gebirge bebt; negativer Gott stirbt unter Erdbeben. Schweiztourismuskritik wird zur Sprachkunst: »Kitsch ist der Priapismus der impotenten Seele.«

In ›Ein Mann aus Wörtern‹ (1983), Essays, z. B. über Peter Weiss, spricht Burger viel über den schöpferischen Prozeß, vor allem aber im Essay ›Das Gesicht im Eis‹ (über Gottfried Keller, F. A. Z. vom 30. März 1985). Die nicht allen Dichtern todbringende psychische Krankheit koppelt er mit dem Schaffensprozeß; im Essay über Mörike (F. A. Z. vom 18. März 1989) im Titel: ›Himmelhoch jauchzend, zu Tode betrübt‹. Und in der Aussage vom »Dichter, der seine Höhen und Tiefen allein austragen will, in der ›Verborgenheit‹, dort, wo die Metamorphosen der Erlebnisse stattfinden, wo sich die Worte ballen, die Zeilen formen«.

Aus *Die Künstliche Mutter*, 1982

»Göschenen, kristalliner Wintermorgen, glitzergleißend das Bergdorf wie ein Adventskalender, auf dem allerdings das Türchen zur Auer-Aplanalpschen Gotthardklinik nicht auszumachen war; eine Zuckerhutpyramide das Dach des Schlauchtrocknungsturms des Feuerwehrmagazins, Orgelprospekte von Eiszapfen unter den stumpfen Giebeldächern, in Salzwatte verpackt das Bahnhofareal, Pfeifenputzer auf dem Rangierfeld und eine Löschschaumkulisse als Verblendung der beiden Tunnellöcher. Meine desaströse Weckrunzel versuchte mich dadurch zu bestechen, den Kurtag in Angriff zu nehmen, daß sie, ein Frühstück aus Milchkaffee, zusammengepanscht in der Gamelle, und Militärbisquits servierend, behauptete, Besuch aus dem Stollen sei angemeldet, ein Klasseweib; ich lag, von der Giftnacht, da ich wieder einmal sämtliche Eingeweide hatte präparieren müssen, noch gebrochen und gerädert in meinem Mahagonikahn, dem rotbraunschwarz getigerten Zweischläfer aus dem Grandhotelfundus, als tatsächlich die Stufen knarrten, man konnte den Theatersaal auch über eine Wendeltreppe direkt erreichen, nicht nur über die Abfrutt-Passerelle, und eine mich gewaltig elektrisierende Blondfrau unser Kantonnement betrat, aber nicht in Schwesterntracht, in Lackhosen, Stiefeln und einer Isländischen Schafwoll-Jacke mit norwegischen Mustern, eine, wie man selbst als Penispatient nicht umhin konnte, festzustellen, geballte Ladung an nordischer Schönheit: die Heidelore, ja gewiß doch, die, sagte sie zum Gruß, welche das Männerwrack aus dem Unterland in die Narkose geküßt hat. Sie hatte das Blond zu einem Zopf geflochten, der ihre Burschikosität quasi ins Unendliche prolongierte und mit dem sie alsogleich zu spielen begann, nachdem sie Platz genommen hatte, die langen Beine übereinandergeschlagen, ein sehr hoher Wasserfall.«

MECHTHILD CURTIUS *Es kann kein Zufall sein, daß Sie eine neue Form von Groteske schreiben, die dem grotesken Roman der dreißiger Jahre von Elias Canetti ›Die Blendung‹ auf den ersten Blick ähnlich zu sein scheint, daß Canetti, befragt, gesagt hat, »ich schreibe aus Haß« und Sie: »Ich schreibe aus Wut.«*

HERMANN BURGER Ja, dieser ganze Roman ist eine lawinenartige Wutentladung eines Depressiven, eines Patienten, der in einer Depression versteinert; und eine Depression versteht man ja als nach innen gewendete Wut, und in der Therapie geht es darum, diese Wut nach außen zu kehren. Und Schreiben ist ja ein Stück weit Therapie. (Darüber gibt es Literatur, das Buch von Adolf Muschg ›Schreiben als Therapie‹.) Ich versteh' es als Therapie. Dann kehrt sich die Wut in Sprachschüben nach außen, und diese Sprachschübe entladen sich wie eine Lawine, die vom Gotthard herunterdonnert.

MC *Ein Katarakt von einer Kraft und negativen Vitalität, dem dieser negative Witz des Grotesken entspricht. Ein Kunstgriff ist es, dieses »aggredi« mit dem »aggredi« schlechthin des Militarismus zu verbinden! Aggression, Wut zum Prinzip erhoben zu haben im Roman.*

HB Ja. Ja. Das, was Sie sagen, ist sehr richtig: das war für mich der Grund, die Patientengeschichte an den Gotthard hinaufzuverlegen! Ich dachte zunächst an den unheimlich trostlosen winterlichen Ort Göschenen als Kurort; der zweite Teil heißt ja ›Kurgast in Göschenen‹. Dann hab' ich aber gemerkt: der Sankt Gotthard ist nicht nur das »Wasserschloß Europas« und ein Verkehrsknotenpunkt – quasi der Gordische Knoten dieser Krankheit –, sondern auch Militärhistorie der Schweiz, die sich auf die Formel »Reduit« zurückführen läßt, abstruser Gedanke aus dem Zweiten Weltkrieg, daß sich im Fall eines Angriffs durch die Nationalsozialisten die ganze Armee in die Alpen zurückgezogen und dort überdauert hätte, während Frau und Kind im Feld dem Feind überlassen gewesen wären. Und ausgerechnet dort will nun der Patient eindringen, in diese heile österreichische Enklave, in diesen clandestinen Raum, um Wärme zu empfangen; das Militärische ist ja Kälte, Abwehr, und er will Wärme, Aufnahme!

MC *Es scheint mir eine eigenwillige Form des Umgangs mit dem, was wir von Freud gelernt haben über Kindheit und Mutter und Aggression, und der den Patienten selbst auffressenden nach innen gewendeten Aggression der Angst-Depression. Dazu kommt die Alma mater, die diesen muttergeschädigten Patienten nachgeschädigt hat und die –*

HB – die Helvetia, die Mutter Schweiz –

MC *– und der Berg, die Höhle, die mit der Gebärmutter-Wärme verglichen wird. – Der Patient, die Hauptfigur des Romans, Schöllkopf, hat den gleichen »bürgerlichen« Beruf gehabt und den gleichen Ausbildungsweg genommen wie Sie, der einen durch die literarische Tradition der Jahrhunderte pilgern läßt, nicht nur zum Schaden des eigenen Schreibens. Wie haben Sie die Spannungen erlebt, hemmend oder fördernd?*

HB Ja, es gibt einen kleinen Aufsatz von mir im Buch ›Mann aus Wörtern‹, aus meiner Studentenzeit übrigens, er heißt ›Schreiben Sie trotz Germanistik?‹. Da habe ich die Situation beschrieben, daß ein Student vor dem leeren Papier sitzt, und um ihn aufgebaut ist die Weltliteratur. Nun ist er ständig in Versuchung, auf diese Weltliteratur zu schielen und zu sagen: Stifter hat die Harmonie beschrieben, Goethe hat den Ausgleich Dyastole-Systole beschrieben und so weiter; alles gibt es schon. Und das muß er sich wegoperieren: diesen Blick auf alles Meisterhafte. Im Umgang mit der eigenen Arbeit haben wir es nicht mit Meisterwerken zu tun, sondern mit Embryos, die entstehen wollen. Dann ist nötig, daß man den Blick auf die Weltliteratur zurücknimmt, nicht? Oder daß man – wie es Canetti gemacht hat, den ich sehr bewundere, mit seinem Roman ›Die Blendung‹ – daß man die Bücherwelt thematisiert.

MC *Sehen Sie darin eine hinreichende Teilnahme des Schriftstellers »am politischen Leben«, oder sehen Sie auch noch eine dezidierte Teilnahme für notwendig an?*

HB Als Schriftsteller bin ich ein Bürger, der sich schriftlich besonders gewandt ausdrücken kann, das ist der Unterschied; aber mein Engagement als Bürger kann nicht ersetzt werden durch ein »Schreibtischtätertum«.

MC *Zu diesem »Schreibtischtätertum« habe ich Materialfragen. Schreiben Sie jeden Tag oder mit Pausen? Zu bestimmten Stunden? Finden Sie »Arbeitsdisziplin« notwendig? Arbeiten Sie mit oder ohne »Lust«?*

HB Wir müssen unterscheiden zwischen den aktiven Phasen,

da wirklich die Arbeit vonstatten geht, und den passiven. In den passiven Phasen arbeite ich überhaupt nicht; da lasse ich den Stoff gären, schmoren, lasse ihn sich setzen. Wenn eine aktive Phase kommt, wenn ich zum Beispiel an einem Roman arbeite, ist es wichtig, daß ich jeden Tag eine gewisse Zeit mit dem Meißel am Stein dran bin. Das können zwei Stunden, drei Stunden, vier Stunden sein; das kann – ich bin kein Frühaufsteher – von morgens zehn bis etwa zwei Uhr nachmittags sein; und dann bin ich erschöpft. Dann geht es wieder im Untergrund weiter, und es ist entscheidend, daß ich am andern Tag erwache mit einem Satz, wie ich die Fortsetzung finde; dann geht die Arbeit weiter, oder sie wird unterbrochen für eine längere Zeit.

MC *Sie sagen »sie geht im Untergrund weiter«. Heißt das, daß Sie auch die Beobachtung gemacht haben, daß das sogenannte Unbewußte wesentliche Arbeitsinstanz sein dürfte? Man hat das Gefühl von Schwerarbeit bei einer gleichzeitig bleiernen Trägheit, und danach »purzelt« etwas relativ Handbares, Fertiges heraus?*

HB Ja!

MC *Und kann man daraus schließen, daß wahrscheinlich das, was nachher anscheinend unvorbereitet herauskommt, ganz offensichtlich »in Arbeit gewesen« ist?*

HB Ja. Ja. Wichtig ist, Frau Curtius, daß man den Stoff, von dem man schreibt, lebt. Ich gehe so weit, daß ich meine Rollenprosa so verstehe, daß ich auch in Wirklichkeit in diese Rolle schlüpfe. Als ich die Novelle ›Diabelli‹ schrieb, die von einem Zauberer handelt, habe ich einen Lehrkurs für Zauberer absolviert. Ich habe selber dieses Täuschungshandwerk, soweit es meine Geschicklichkeit erlaubt, erlernt und bin Tag und Nacht in dieser Zaubererwelt gestanden. Und das, was Jung ausdrückt mit dem »schöpferischen Unbewußten«: man nimmt aus der Welt alles wahr, was zum eigenen Entwurf paßt; es ist, als wenn die ganze Welt quasi auf Zauberei ausgerichtet wäre, auf Illusion, auf Täuschung. Und darin badet man wie in einem quasi Uterusbad, in dem man herumschwimmt. Und deshalb ist es möglich, diese Dinge an die Oberfläche zu holen.

MC *Ja, es ist, wenn ein bestimmter Komplex reift, alles auf diesen einen hin angeleuchtet und angelegt; man ist in gewisser Weise einseitig. Aber innerhalb des Komplexes gibt es eine sehr starke Ausweitung, und man kann »die ganze Welt« unter diesem Gesichtspunkt sehen! – Dennoch möchte ich Sie jetzt etwas Handwerkliches fragen – es hat ja auch Folgen für das Arbeiten des Kopfes –, man sieht, wie die Hand arbeitet, man sieht den intellektuellen Vorgang zum Teil, nur diesen*

»unbewußten« eben nicht: Schreiben Sie mit der Hand oder mit Schreibmaschine? Benutzen Sie moderne Techniken wie Tonband oder Computer? Halten Sie sie für sinnvoll?

HB Nein. Ich schreibe ganz altväterisch mit der Schreibmaschine, und zwar, damit ich die Proportionen der einzelnen Teile von Anfang an überblicken kann. Das kann ich bei Handschrift nicht.

MC *Wie oft überarbeiten Sie einen Text? Schreiben Sie einen Essay, eine Erzählung, einen Roman erst einmal ganz durch, dann eine zweite, dritte und so weiter Fassung, oder machen Sie eine Fassung und korrigieren hinein in den Text?*

HB Nein. Ich beginne mit einer Zelle. Ich beginne mit einem kleinen Stück, mit einem Fragment, und das Ganze ist für mich so wie ein Dschungel: ich weiß, in diesem Geviert irgendwo liegt der Hund begraben, aber ich weiß nicht genau wo. Und dann schlage ich mich vom Rand her irgendwo in den Dschungel und beginne mit einem Motiv und schaue: wie weit komme ich. Also beim ›Diabelli‹ war's zuerst das Spiegelmotiv. Ich habe herausgefunden: Zauberer lernen vor Spiegeln, damit sie sich selber täuschen lernen, also bin ich vom Spiegelmotiv ausgegangen, um von da zu weiteren Motiven vorzustoßen.

MC *Gibt es bei Ihnen, zumal es bei Ihrem anderen Beruf naheliegt, Vorarbeiten wissenschaftlicher oder quasi-wissenschaftlicher Art, mit Zettelkästen, Entwürfen, Recherchen?*

HB Ja, sehr stark. Ich bin eigentlich ein verhinderter Sachbuchautor. Mir ist ja nur wohl, wenn ich in einer lehrhaften Pose Ausführungen, Theorien verbreiten kann, wenn ich meine ganze Theoriebildungsmanie entfalten kann. Und das setzt umfangreiche Exzerpte voraus; bei ›Schilten‹ zum Beispiel aus dem Scheintotenlexikon von Hufeland. Das mach' ich mit Exzerpten.

MC *Sie haben vorhin davon gesprochen, daß Sie in Zeiten, »wo es ansteht«, nicht arbeiten. Dies könnte der sogenannte Inkubationsprozeß sein. Gibt es für Sie Überbrückungsarbeiten in der Vorbereitung oder in sogenannten unschöpferischen Zwischenzeiten? Also Recherchen, Lesen, Reisen?*

HB Ja, das alles; alle drei Dinge, die Sie nennen, sind wichtig für mich. Ich lese dann besonders intensiv, ich begebe mich zurück in das Stadium des Schülers, der mit dem Bleistift in der Hand Anstreichungen macht bei seinen Kollegen und schaut: wie haben sie das angestellt, also dargestellt. Ich versuche, ständig in Kontakt zu bleiben mit meinem Gestaltungsmaterial, mit der Sprache, auf irgendeine Weise. Oder ich schreibe eine Rezension über ein Buch, das mich beeindruckt hat.

MC *Benutzen Sie zum Schreiben stimulierende Mittel, Wein, Tee, Kaffee, Drogen, Psychopharmaka?*

HB Das einzige Mittel, das mir wichtig ist, ist der Tabak. Ich finde, das Rauchen hat ja zum Teil diese paradoxe Wirkung der Entspannung und der Stimulation. Mit dem Rauch erzeugt man etwas wie eine Nebelaura um sich am Schreibtisch, man ist an und für sich allein in diesem geborgenen Raum, und der Rauch befördert die Gedanken; darüber gibt es wunderbare Lieder in der Barockliteratur.

MC *Jetzt möchte ich mehr ins »Interieur« dieses Arbeitsprozesses: Haben Sie – Sie schreiben ja nun schon viele Jahre – Unterschiede zwischen der ersten Zeit des Schreibens und wachsender und angewachsener Erfahrung nach mehreren Manuskripten und Büchern beobachtet?*

HB Nein. Ich kenne diesbezüglich keine Erfahrung; der Anfang ist immer chaotisch. Ich bin von einer bestimmten Idee beherrscht, zum Beispiel der Therapie-Idee: ›Die Künstliche Mutter‹ – ich weiß überhaupt nicht, was das bedeuten soll, wie das ausschauen soll. Ich komme zurück auf das Bild vom Dschungel; ich hau' mir hier irgendwo eine Schneise rein. Aber Erfahrung gibt es für mich keine.

MC *Haben Sie für sich einen Einfluß des Publizierens und der daraus folgenden Kontakte mit Lesern, Kritikern und Verlagen auf das jeweils folgende Buch festgestellt?*

HB Ja, natürlich; es entsteht so etwas wie eine Erwartungshaltung und das, was ich den imaginären Leser nenne; das ist der Leser, der einem schon beim Schreiben über die Schulter guckt. Der wird halt potenziert, der vervielfältigt sich. Der besteht zum Teil aus dem Lektor, von dem ich weiß, daß er mein erstes Publikum ist, er besteht unter Umständen aus diesem oder jenem Kritiker, von dem ich nicht hoffe, ihn zu enttäuschen oder gegen den ich aus Wut anschreibe, indem ich sage: erst recht mach' ich meine Manier! So kompliziert sich dieser imaginäre Leser.

MC *Werden Aufzeichnungen, Tagebücher oder Notizen verwendet? Und wieweit die Wirklichkeit? Ich denke an das Wort Thomas Manns vom »Recht des Dichters, die Wirklichkeit zu benutzen«, vielleicht als »die Pflicht«?*

HB Ja. Ich arbeite mit einem schwarzen Notizbuch, das ich meistens bei mir trage, und da trage ich ganz locker Einfälle ein. Bei ›Diabelli‹ hab' ich zufällig ein Buch von Hesse im Schaufenster gesehen: ›Kindheit eines Zauberers‹. Dann hab' ich sofort den Gedanken notiert: »Was bewirkt im Kind den Wunsch, zaubern zu können?« So mache ich Notizen und stichwortartige Eintragungen. – Das ist das Grundproblem, das meine Leser immer beschäftigt: Wie sind Phantasie und Realität ineinander verschmolzen? Und da passierte einmal Folgendes: Ein deutsches Fernsehteam war bei mir, mit mir zum Gotthard hinaufgefahren und wollte die Eisenbahn, diese Märklin-Anlage, die ich beschrieben habe, in der Kirche von Wassen filmen! Ich sagte den Leuten: »Das tut mir leid, das können wir nicht aufnehmen, das existiert nur in meiner Phantasie, in meinem Roman. Aber ich habe etwas anderes, eine wunderschöne Geschichte: Da oben in der Schöllenenschlucht steht das Denkmal eines russischen Generals, Eigentum der Sowjetunion. Und jedes Jahr einmal spendiert die Sowjetunion einen Betrag zur Reinigung und Instandhaltung dieses Denkmals. Das können Sie aufnehmen.« Da sagten die Leute: »Ja, Herr Burger, Ihre Phantasie ist uns bekannt! Da locken Sie uns nicht hinauf!«

MC *Wie stehen Sie zum Ver-Dichtungsprozeß, zum Transformationsprozeß? Würden Sie von sich sagen, daß Sie ihn relativ bewußt oder eher unbewußt wahrnehmen?*

HB Er wird um so bewußter, je transparenter einem die eigene Idee ist. Sobald ich genau weiß, was ich mit der ›Künstlichen Mutter‹ will, weiß ich auch, was die Gotthard-Landschaft in diesem Zusammenhang soll. Und dann gelingt es mir, die Stilisierung vorzunehmen, die Abänderung, die Korrektur. Schreiben ist ja ein Korrigieren der Wirklichkeit, in Hinblick auf die Transparenz des Modells. Ich habe dann das Modell im Kopf und weiß genau: das brauch' ich vom Gotthard und jenes nicht!

MC *Ich möchte den wissenschaftlichen Versuch einer Systematisierung zusammenfassen: unter den Modellen überwiegt die Einteilung in vier Phasen der schöpferischen Arbeit: Präparation – Vorbereitung, Inkubation, Inspiration, Verifikation.*

HB Ja, das sind vier eigentlich sehr präzise Ausdrücke für die Phasen; nur würde ich nicht diese Gliederung 1, 2, 3 vornehmen, sondern es ist alles immer in einem: Es braucht ein Stück Inspiration, um etwas präparieren zu können. Ich brauche eine bestimmte Inspiration, um auf ein Motiv zu stoßen. Wenn ich innerlich tot bin, sehe ich nichts. Wenn ich innerlich stimuliert bin, auf eine Idee hin, sehe ich. Also ich würde diese vier Phasen voll unterschreiben, aber sagen, sie wirken dauernd immer ineinander. Ich kann mit der vierten Phase der Verifikation, der Verarbeitung, wieder ein Stück weit Inspiration gewinnen, was mir vorher nicht zugänglich war.

MC *Ich habe selbst auch ein Verschleifen dieser Phasen ineinander festgestellt; vor allem ist die letzte Phase der Überarbeitung nichts weniger als mechanisch-intellektuell. Man kann nur wirklich verbes-*

sern, wenn man wieder hineingerät in die Inspiration, so daß man die Bilder als Abfolge neu sieht.

HB Ja! Ja! Das ist richtig: wenn nur noch zwei Wörter fehlen in meinem Text, muß ich die ganze Konzentration von A bis Z aufbringen, um auf diese zwei Wörter zu stoßen.

MC *Dazu eine heikle, intime Frage, die sich vielleicht im ganzen Roman der ›Künstlichen Mutter‹ beantwortet: Es geht um die Einsamkeitsangst, um die sogenannte prä- und postkreative Depression, ein Zustand, von dem man noch nicht viel weiß, weil man ihn nicht handhabbar sieht, begleitet von bleischwerem Gefühl, auch dem der Faulheit bei gleichzeitiger Anspannung. Nach langer Erfahrung weiß man zwar, es wird mutmaßlich »etwas kommen«, aber bleibt nicht die Furcht, es könnte vielleicht niemals mehr etwas kommen?*

HB Ja, das ist richtig, das Aufhören einer produktiven Phase ist immer mit der Angst verbunden, es sei endgültig aus. Ich glaube, darum kommt kein Schriftsteller, kein Künstler herum. Andererseits ist es ähnlich wie mit der Depression: das ist wie eine Magenvergiftung: man hat sich an Austern vergiftet und schwört sich: nie wieder Austern! Wenn die Vergiftung vorbei ist, ißt man wieder mit demselben Vergnügen Austern. Das weiß man eben auch. Man gewöhnt sich mit der Zeit an dieses Loch und weiß: es kommt schon wieder, ich muß nur Geduld haben!

MC *Zum persönlichen Leben schlechthin: Es gibt zwei diametral entgegengesetzte Kunst-Positionen: das »wilde« Leben und das »windstille« Leben. Rilke hat beides in Worte gefaßt; was stimmt Ihrer Meinung nach: »Ein Dichter muß alles erlebt haben« oder »Ein Dichter muß sein Leben zuwachsen lassen wie einen alten Weg«?*

HB Ha! Das erinnert mich an einen Satz Thomas Manns aus dem ›Tonio Kröger‹, der Künstler könne nur Künstler sein, wenn er als Mensch gestorben sei. Ich sehe diese beiden Phasen Mensch-Sein, das heißt Erleben und Künstler, im Maßstab 1 zu 1, das ist nötig, damit man im Stoff steht, damit man zum Stoff kommt. Aber, wenn die Phase der Produktion beginnt, darf man nicht mehr leidenschaftlich daran hängen. Also ist beides richtig: man muß alles erlebt haben, soviel wie möglich; ich plädiere dafür, daß der Schriftsteller nicht nur als Schriftsteller sein soll, sondern daß er möglichst verschiedenartige Berufe, Phasen oder Weisen, was auch immer zum »wilden Leben« gehört, durchführt. Und wenn die Arbeit da ist, dann wächst der Weg zu. Dann kann ich keine Leidenschaft brauchen. Da ist alles ganz kalt, wie Marmor.

PETER KURZECK

»Zwangsvorstellung: daß ich nichts vergessen darf!«

Den Kopf wie eine Eidechse schräggeneigt und zuvorderst, kommt er herauf, eine Hand greift in krausbraune Haarbüschel, bleibt dort während der ersten Sätze des Gesprächs, die besagen, besessen sei er davon, nichts vergessen zu dürfen, Erinnerungskalender des eigenen langezeit ländlichen Lebens. Geboren ist er 1943 in Tachau im Böhmerwald, kriegsbedingt seit 1946 aufgewachsen in Staufenberg/Hessen, und wer vom 3. bis 34. Lebensjahr mit der Beobachtungsgabe und Sprachkraft Kurzecks in einem Dorf gelebt hat, verleiht den Wortkargen dort die eigene unverwechselbare Sprache.

Nach einigen Angestelltenberufen arbeitete Peter Kurzeck seit 1972 halbtags als Buchhändler. Er veröffentlichte bisher vier umfangreiche Romane, ›Der Nußbaum gegenüber dem Laden in dem du dein Brot kaufst‹ (1979) ist die Geschichte von Umherstreunenden, die aus Not in einen Bankeinbruch schlittern, ›Das Schwarze Buch‹ (1982) der Roman vom Alkohol und der Rettung daraus; in beiden ist der Suff-Tiraden-Ton als Kunstmittel eingesetzt, so daß sie »Kultbücher« wurden. Kurzeck war der erste Fabrikschreiber der Romanfabrik Frankfurt 1985/86 und Literaturstipendiat im Künstlerhaus Edenkoben in der Pfalz 1989. Er erhielt im gleichen Jahr den Kunstpreis der Stadt Cloppenburg. Mit dem Roman ›Kein Frühling‹ (1987) ist auch Kurzeck »nach Hause gegangen«; er spielt in Staufenberg zwischen 1946 und 1954. Am neuen Staufenberg-Roman der anschließenden Zeit bis 1970 arbeitet er. ›Keiner stirbt‹ (1990) spielt an vier Tagen Ende Oktober 1959 zwischen Gießen und Frankfurt. Die Gemeinde hat die These widerlegt, daß der Prophet im eigenen Lande nichts gelte und Peter Kurzeck 1988 den Literaturpreis des Landkreises Gießen verliehen. 1991 erhielt Kurzeck den Alfred-Döblin-Preis für ein unveröffentlichtes und noch nicht fertiggestelltes Manuskript aus seinem Staufenberg-Zyklus.

Aus *Kein Frühling*, 1987

»Am Abend. Wie stille Teiche liegen die Bodennebel auf den Wiesen. Die Kühe waten in diesen Nebelteichen und stehen bis an die Querripp darin, man weiß nicht, ob sie sich wundern. Ihre letzten Tage draußen, jeden Abend werden sie heimgeholt: man geht und denkt sich Geschichten aus, sie steigen uns bis vor die Stalltür nach. Morgens Rauhreif, morgens auf dem Weg zur Weide: sie rühren mit ihren Schwänzen, sie stehen und starren, als ob sie etwas vergessen hätten. Sie brüllen, sie gehen zwei Schritte, dann stehen sie wieder. Als ob sie die Sommerfliegen vermissen, die Sonnenwärme, das Licht, und haben keine Sprache für diesen Verlust, *deshalb* stehen sie so. Vereinzelt Äpfel noch an den Bäumen, hoch oben, die haben den ersten Frost jetzt schon weg, Winteräpfelchen, und lächeln dir zu wie poliert. Wie sie leuchten, ein düsterer Tag. In der Ferne die letzten Kartuffelfeuer in Nebel und Dämmerung, Zigeuner und Geister die um diese Feuer sitzen. Kommst du hin, sind sie weg. Verlassene Feuerstellen, Krähen die um die Asche hüpfen, ist die Asche noch warm? Die Stimmen als Ahnung noch in der Luft, noch keinen Platz gefunden zur Ruhe. Scharen von Elstern und Krähen siehst du in den Bäumen hocken. Und warten und wechseln sich ab bei der Asche und lesen darin. Hexenvögel, schräg durch die Luft. Was sie lesen, ist nicht zu erfahren. Wie selbst ein Geist stehst du daneben, nie fliegen gelernt, und verlierst dich in deinem Blick hinüber zum Wald. Dem Winter entgegen zum Heidenkönig? Mit dir selbst noch einmal über die Hardt? Lehmklumpen. Die diesjährigen Kartuffeln noch trocken nach Hause gebracht, der Dreck allerwegen ist von der Roibenernte. Hochauf beladen die Wagen. Unterm Vordach, im Hof, beim Tor stehen sie in die Nacht hinein, immer dichter der Nebel, und warten aufs Abladen. Abladen auch im Dunkeln. Wie im Schlaf zwischen Tür und Tor. Uns' Großvadder sein einen langen Nachmittag im November und die Schtrink und das trockene Laub verbrennen als alter Mann. Die Holzfahrerjacke, der alte Hut. Schrittweise hin und her und so ein Gemurmel dazu. Durch den verkrauteten Grasgarten schlurfen, das war ein anderer Herbst, da hat er vor zweiundvierzig Jahren ein erstklassiges Jagdmesser verloren, da mischt der

Nebel sich mit dem Rauch in den Abend und vielleicht ginge über den Pflaumen- und Äpfelbäumen groß und rund so ein heutiger Mond auf oder schräg eine dünne Silbersichel. Wie das verlorene Messer fast. Zeigte sich und gleich wieder verschwunden und käme zum Fehlen, die Lichter im Teich versunken. Wird Rauhreif, wird kalt auf die Nacht.«

MECHTHILD CURTIUS *Peter Kurzeck, dein Roman spielt auf dem Dorf, es wird Landschaft beschrieben, aber nicht, wie bei Stifter, seitenweise nur Landschaft, sondern Menschen gehen dazwischen herum. Es scheint wieder Interesse an Dorf, Landschaft und Ländlichkeit, die in Verrufenheit geraten waren, zu geben; ob Annette von Droste-Hülshoff wieder gelesen wird oder ob Bücher schreibender Bäuerinnen hohe Auflagen erreichen. Du schreibst auf deine eigenwillige, von keinem übernommene Weise über diese Bereiche. Hast du eine Erklärung dafür?*

PETER KURZECK Ja, aber nur für mich. Für mich war's so, daß ich nach jahrelanger Abwesenheit von dem Dorf, in dem ich aufgewachsen bin, gemerkt hab', wie sehr mir das in der Stadt fehlt, daß man alles, was um einen herum ist, sehr gut kennt, und zwar über lange Jahre hinweg. Ich bin 1946 als Dreijähriger in das Dorf meiner Kindheit gekommen und hab' dort gelebt bis zu meinem 34. Jahr. Das heißt, ich hab' eigentlich über ein halbes Menschenalter hinweg die Leute dort leben sehen und das Dorf als Lebensraum erfahren. Mir ist klargeworden, daß in den fünfundzwanzig Jahren, um die es mir geht, vom Kriegsende bis etwa 1970, eigentlich ein ganzes Zeitalter stattfand in diesem Dorf, und daß das im Grunde nirgends bisher für meine Begriffe ausreichend beschrieben ist. Wie auch die Leute, die Dorfbewohner, mehr oder weniger nur aus der Ferne in unserer Literatur vorkommen. Denn ich weiß nur, daß ich das Buch geschrieben habe, weil ich zu dem Schluß gekommen bin, daß die Bauern, die Kleinbauern und Nebenerwerbsbauern und Handwerker und Industriearbeiter im Dorf, außer mir keiner kennt, folglich ich darüber schreiben muß.

MC *Du hast in ihrer Mitte gelebt und siehst, daß Industriearbeiter und Landarbeiter in diesem Falle identisch sind, daß kaum einer von einem von beiden leben konnte und daß sie sich dafür entscheiden mußten, beides zu tun! – Jetzt zu deinem Beruf und deinen Arbeiten: Siehst du zwischen deinem Schreiben, deinem sehr genauen Beobachten und deinen »bürgerlichen« Berufen, um Geld zu verdienen – du hattest mehrere – eine Diskrepanz? Hat es Spannungen gegeben?*

PK Ja, eigentlich immer, vor allem deswegen, weil für mich diese Berufe von vornherein nur jeweils ein Notbehelf waren; ich war nie der Meinung, mich auf diese Art durchs Leben schlagen, durch's Leben mogeln zu können, sondern ich wußte von Kind auf, daß ich schreiben wollte und habe auch immer geschrieben. Nur – und daran ist auch das Dorf mit schuld, denke ich –, erstens mußte ich mit vierzehn zu arbeiten anfangen und zweitens: für mich bestand der Beruf eines Schriftstellers eigentlich darin, daß man schreibt und besessen ist von seinem Thema und besessen von der Literatur. Daß es Verlage gibt, habe ich nur am Rande wahrgenommen. Ich wußte nichts über den Literaturbetrieb und wollte auch eigentlich gar nichts wissen. Das einzige, worum es mir ging, war wirklich Lesen und Schreiben.

MC *Du hast offensichtlich sehr viel gelesen; das ist ja die Art, wie wir uns unser Handwerk aneignen.*

PK Ich hab' mit fünf allein Lesen gelernt, dadurch, daß ich meiner älteren Schwester bei den Schularbeiten zugesehen habe, und von da an mein ganzes Leben täglich gelesen; Jahre und Jahre jeden Tag ein Buch mindestens, nachts in der Regel, weil ich tagsüber die Zeit zum Geldverdienen gebraucht habe. Und ich hatte jahrelang Angst, eines Tages alle Bücher gelesen zu haben, eben weil ich in einem Dorf aufgewachsen bin, in dem so gut wie niemand gelesen hat, in dem es zwar ein paar Bücher, auch eine kleine öffentliche Bücherei gab, die ich aber mit neun oder zehn ausgelesen hatte. Und erst mit elf, als ich zum erstenmal eine öffentliche Bibliothek in der Stadt gesehen habe, das Amerikahaus in Gießen in einer beschlagnahmten Villa, und gesehen habe, daß dort an den Wänden der Räume vom Fußboden bis zur Decke Bücher in Regalen untergebracht waren – ich weiß noch sehr gut, wie tief ich damals aufgeatmet hab' und wie sicher ich wurde, daß die Bücher mein Leben lang reichen werden. Eigentlich ist das Lesen 'ne Sucht für mich, etwas, wogegen ich nichts tun kann.

MC *Das Lesen eine Sucht, das Schreiben Besessenheit und die Bücher Dinge, wie die Dinge auf dem Lande, und du hast bedauert, daß die Dinge in der Stadt fern seien und man nichts mit ihnen zu tun hätte?*

PK Man konnte in Dörfern damals überhaupt nur gut leben, wenn man sehr gut über seine Nachbarn Bescheid wußte. Ich bin mit drei oder vier mit den Bauern aufs Feld gefahren, ich habe jedes Kind gekannt in dem Dorf, jede Kuh, jede Ziege und hab' auch in jedem Haus gegessen. Aber die andere Welt, von der ich wußte, daß es sie gab und daß ich sie mein Leben lang würde suchen müssen, war die Welt der Wörter und Bücher.

MC *Wann hast du dann angefangen zu schreiben?*

PK Also spätestens mit sieben war ich mir sicher, daß ich Schriftsteller werden würde, so sicher, wie ich es jetzt auch bin; daß ich eigentlich Schriftsteller bin, nur noch bißchen älter werden mußte. Ich hab' dann auch davon meinen Freunden erzählt und immer wieder kleine Bücher geschrieben, die auch aussehen sollten wie gedruckt, gedruckte fertige Bücher. Am schönsten war es, wenn ich ein leeres Poesiealbum, entweder von meiner Schwester oder von einem Mädchen im Dorf bekam, bei dem nur die vorderen Seiten rausgetrennt waren und die übrigen leer, und ich dann ein Gesamtkunstwerk, eigentlich ein Buch mit Illustrationen, mit Seitenzahlen und allem übrigen gemacht habe. Möglichst hinten mit Titeln anderer Bücher von mir drin, als ob ich die schon geschrieben hätte.

MC *Wo sind die kleinen Bücher geblieben?*

PK Ja, das weiß ich nicht; die gibt's nicht mehr. Jetzt denk' ich, daß ich ganz gern noch einmal eines davon sehen würde; es nicht unbedingt aufheben den Rest meines Lebens, aber schon nochmal in die Hand nehmen. Ich weiß noch, wie betrübt ich manchmal war, nie über die Seite 34 oder 35 rauszukommen; jetzt hab' ich eher das umgekehrte Problem: meine Bücher werden immer zu dick!

MC *Ich möchte noch einmal zur Gegenwart zurückkommen: schreibst du jetzt jeden Tag?*

PK Eigentlich schon.

MC *Hast du einen bestimmten Zyklus?*

PK Ich schreib' täglich.

MC *Zu bestimmten Stunden?*

PK Ich fange gern morgens früh an.

MC *Wann ist das?*

PK Ja, in der Stadt nicht mehr so früh. Ich steh' gewöhnlich gegen sieben auf und fang' zwischen acht und neun an zu arbeiten; hab' aber gleichzeitig den Hang, bis in die Nacht 'rein zu schreiben. Das heißt, ich muß dann entweder nachmittags schlafen – wobei ich es über Monate hinweg fertigkriege, nur zehn Minuten zu schlafen oder vier oder fünf Minuten, und dann kann ich weiterarbeiten; es ist so ein Reinigungsprozeß, der Kopf wird leer und kann noch mal angefüllt werden.

MC *Ein Wort zu deiner Arbeitsdisziplin: Arbeitest du, wenn du ein bestimmtes Thema hast, auch weiter, obwohl du keine Lust hast und es dir widerstrebt zu schreiben?*

PK Es widerstrebt mir eigentlich nie, aber der Anfang ist Tag für Tag nicht leicht. Ich hab' jetzt drei Jahre lang an diesem Buch gearbeitet, mehr als drei Jahre, fast vier, und ich konnte das ohne nennenswerte Nebenarbeiten tun, obwohl ich nicht vom Verkauf meiner Bücher lebe.

MC *Wie schreibst du denn zum erstenmal? Mit der Hand oder mit Schreibmaschine? Gibt es technische Hilfsmittel, Computer, Tonbänder usw.?*

PK Nein, nein, eine sehr gute Schreibmaschine ist schon ein großes Hilfsmittel – im Moment hab' ich 'ne geliehene –, eine elektrische Schreibmaschine bzw. 'ne Typenradschreibmaschine. Und die muß so gut funktionieren, daß man sie beim Schreiben als Hilfsmittel fast wieder vergessen kann; sie darf einen nicht terrorisieren. Manchmal schreib' ich mit der Maschine und zwischendurch mit der Hand weiter, wobei ich nicht weiß, warum. Oft, weil ich zwischendurch in die Küche gehe; ich trink' unzählige kleine Tassen italienischen Kaffee, Espresso, vor allem, seit ich keinen Alkohol mehr trinke. Da merke ich aus Ungeduld, daß mir Sachen einfallen, die nicht verloren gehen dürfen, nehm' den Zettel aus der Maschine, schreib' drei Zeilen mit der Hand und später mit der Maschine weiter. Meine Manuskripte sehen oft wie Bilder aus, wie Landkarten, sehr wirr, aber so, daß man sie entziffern kann. Manchmal schreib' ich einen Satz, schreib' ihn ab, und dann sind es anderthalb Sätze. Auf die Art kommen meine 400-Seiten-Bücher zustande, durch immerwährendes Abschreiben und Ergänzen.

MC *Wie oft überarbeitest du? Ich kann mir vorstellen: sehr oft!*

PK Ja, ja; das ist mir ein Teil des Werdens, dadurch, daß ich anfange, den ersten Satz abzuschreiben, so lange, bis die Seite voll ist, ganz abgesehen davon, daß ich laut lese, laut spreche beim Arbeiten, das ist mir eigentlich nach Jahren erst aufgegangen – meine Familie hat das früher toleriert. Erst, nachdem ich mich von meiner Familie getrennt hatte, ist es mir aufgegangen, daß ich mir angewöhnt hatte, die Sätze auf den Klang hin zu prüfen und solange daran herumzubiegen, bis ich nicht nur die für meine Begriffe richtige Version, sondern bis es genau den richtigen Klang hatte, wie man auch 'ne Münze auf ihre Echtheit prüft, indem man sie wogegen schlägt oder wirft.

MC *Nehmen wir den langen Roman ›Kein Frühling‹: Hast du da korrigiert oder das Ganze neu geschrieben?*

PK Ich hab' das Ganze immer wieder abgeschrieben. Aber das Abschreiben war ein Verbessern und Korrigieren.

MC *Es ist ein Bestandteil des schöpferischen Prozesses?*

PK Ja. Es wird ganz von selbst immer länger, auch wenn man streicht.

MC *Kannst du da irgendeinen Durchschnitt sagen: fünfmal, zehnmal, zwanzigmal?*

PK Der Durchschnitt ist, glaub' ich, zwischen acht- und vielleicht zwanzigmal. Wenn ich eine Seite öfter als zwanzigmal abschreiben muß, ergibt sich gewöhnlich ein anderer Hauptstrang.

MC *Wovon hängt es denn ab, daß du nicht bis zum Jüngsten Gericht weiterschreibst, sondern irgendwann aufhörst und dann ein Buch entsteht?*

PK Davon, daß ich merke, und zwar etappenweise: eine bessere Lösung läßt sich nicht mehr finden, oder sie ist mit einem solchen Aufwand verbunden, daß es nicht gerechtfertigt ist.

MC *Machst du auch Vorarbeiten quasi wissenschaftlicher Art, mit Zettelkästen, Entwürfen, Recherchen?*

PK Mit Recherchen gar nicht; dafür hab' ich mein Gedächtnis. Was ich tue, ist, daß ich mich immer wieder erinnere, daß ich mich nicht mit den erstbesten Einzelheiten der Erinnerung zufriedengebe, sondern sie mir solange ins Gedächtnis rufe, prüfe und von allen Seiten betrachte und an dem Kontext der Erinnerung zu messen suche, so daß ich oft in der Lage bin, für Jahre und Jahre zurück einen kompletten Kalender zu erstellen, für jeden einzelnen Tag nachträglich noch sagen zu können, was ich an diesem Tag getan habe. Und das ist für mich die Voraussetzung, mit dem Schreiben anzufangen.

MC *Benutzt du zum Schreiben sogenannte stimulierende Mittel: Rauchen, Wein, Tee, Kaffee, Drogen, womöglich Tabletten?*

PK Das hab' ich alles probiert und bin über Jahre hinweg zur Erfahrung gekommen, daß ich mittlerweile ohne dieses Zeug am besten arbeiten kann. Aber das hat für die ersten Jahre nicht gegolten; ich glaube, daß man solch ein freies Assoziieren und den Umgang mit den inneren Bildern erst lernen muß. Das lernt sich nur sehr sehr mühselig. Ich hab's jahrelang mit Alkohol, mit Tabletten versucht, ich bin jahrelang Kettenraucher gewesen, ich hatte ständige Nikotin- und Alkoholvergiftungen, hab' auch oft auf lebensgefährliche Art mit Wachtabletten experimentiert. Ich denke inzwischen, ich brauch' nichts, als so weiterzuarbeiten und dabei uralt zu werden, um ein wesentliches Werk zu schaffen.

MC *Du hast auch das schöne Wort von den inneren Bildern gebraucht. Dadurch weiß ich ungefähr, wie du arbeitest. Ich versuche das zu vergleichen: es sei, als ob ein Film hinter den Augen herläuft, und man müsse ihn eigentlich nur gehorsam abschreiben.*

PK Man muß immer wieder sehen.

MC *Man hat ja vorher gesehen, und dieser Film läuft eines Tages aus der Erinnerung vor einem ab.*

PK Aber es sind gleichzeitig sehr viel mehr Möglichkeiten, als der Film sie hat: man kann Bilder nicht nur stehenlassen oder zurücklaufen lassen, man kann auch in sie hineingehen. Und das kann man beim Film ja nicht.

MC *Peter, gibt es bei dir Unterschiede zwischen der ersten Zeit des Schreibens und angewachsener Erfahrung, wenn du weitergeschrieben hast? Oder auch, insgesamt rückblickend: Was hat sich geändert, nachdem das erste Buch fertig gewesen und erschienen ist?*

PK Für mich hat sich geändert, daß ich danach viel ökonomischer arbeiten konnte. Für mein erstes Buch hab' ich noch acht- oder neunhundert Seiten gebraucht, die ich dann nur mit einem Lektor kürzen konnte. Ich hab' außerdem kein Wort geschrieben, ohne Unmengen von Alkohol zu trinken.

MC *Wie ist bei dir das Verhältnis zwischen der verwendeten und der erdichteten Wirklichkeit? Thomas Mann hat diesen Satz gesagt vom »Recht des Dichters, die Wirklichkeit zu benutzen«.*

PK Das ist schon schwer zu trennen. Eigentlich ist es eine Qualitätsfrage bei mir, mehr nicht. Ich denke, wenn ein Text gut genug ist, ist es nicht mehr notwendig zu unterscheiden, ob es Fiktion oder Wahrheit oder was immer ist; dann rechtfertigt der Text sich durch seine starke Bildhaftigkeit und durch die Eindringlichkeit für den Leser. Statt wahr wird er dann wahrhaftig.

MC *Also Verdichten, denkst du, kann auch die Realität? Ohne zu transformieren, ohne in Erfindung hineinzuverwandeln?*

PK Ich kann das einfach nicht trennen; das ist nicht die Frage, die mich bewegt, wenn ich an einem Text arbeite. Während ich daran arbeite, geht es mir nur darum, ob er durch seine Qualität und den Klang überzeugend genug ist. Ich bin ganz sicher, daß die Wirklichkeit dabei nicht zu kurz kommt. Je höher der eigene Qualitätsmaßstab ist, um so mehr wird man rechtfertigen können, was man geschrieben hat.

MC *Du hast aber gesagt, du fändest den Text um so besser, je mehr du dich selbst daraus zurückzögest?*

PK Ja, je mehr ich von einer einfachen Autobiographie dabei abkomme. Aber da ist auch die Frage, was man mit Sprache kann! Ich muß 'ne Menge lernen, um mir sagen zu können, das ist mein persönlichstes Buch, obwohl ich selbst darin nur am Rande vorkomme.

MC *Ich denke, daß der Prozeß der schöpferischen Arbeit sehr schwierig zu erforschen ist, daß er aber erforschbar ist. Ähnlich wie Träumen.*

Was du gesagt hast, geht das unbewußt vor sich oder machst du das hochbewußt? Ich meine die Verarbeitungs- und Verdichtungsprozesse.

PK Ich denke, es ging ursprünglich unbewußt, weil ich von kindauf mit Schreiben beschäftigt war. Aber wenn man das so viele Jahre hinweg macht, dann eignet man sich, wie bei jeder anderen Arbeit auch, eine Menge Handfertigkeiten an, die einem eine so schwere Arbeit wie das Schreiben erleichtern. Ich weiß, daß es einen Sinn hat, wenn ich jeden Tag zwei oder drei Stunden zu Fuß gehe, für mich jedenfalls. Ich brauche gar nicht den Vorsatz, um es zu tun, merke dann aber: ich komme nach Hause und kann sehr gut weiterarbeiten!

MC *Die Wissenschaftler haben einige Versuche gemacht, das alles zu systematisieren. Es sind Verkürzungen, die die Forscher variieren, und zwar haben sie vor allem vier Phasen des Schöpferischen festgestellt, diese sind: 1. die Präparation oder Vorbereitung, 2. die Inkubation, das Heranreifen, 3. die Inspiration, die »Erleuchtung«, 4. die Verifikation, Überarbeitung und Kontrolle. Was könntest du zu jeder einzelnen Phase sagen? Gibt es zum Beispiel zu dem Roman ›Kein Frühling‹ eine Vorbereitungsphase?*

PK Ja, nur geht die eigentlich mein ganzes Leben hindurch. Ich bin mit drei in das Dorf gekommen, und die Empfänglichkeit, die ein dreijähriges Kind hat, war bei mir dadurch gesteigert, daß wir vorher länger als ein Jahr unterwegs, auf der Flucht – in Lagern und mit Güterzügen und zum Teil zu Fuß – mehr als fünfzehn Monate unterwegs waren, bevor wir dahin kamen, und daß ich den Verlust meiner ersten und, wie ich es empfand, meiner eigentlichen Heimat erlebt habe, und das hat mich für den Rest meines Lebens mit der Zwangsvorstellung versehen, daß ich nichts vergessen darf. Ich glaube, daß Schreiben, wenn es darum geht, ein Abbild der Welt zu schaffen, bedeutet, stellvertretend für die Welt allgemein seine eigene Welt zu entwickeln.

MC *Das ist für dich also ein sehr allmählicher Prozeß, der in der Kindheit angelegt worden ist, und du könntest die verschiedenen Stadien so gar nicht sehen? Als ein plötzliches Ein-Sehen, daß du sagst: Heureka – ich hab' es! – Hast du das auch erlebt?*

PK Ja, das auch, aber eher etappenweise, mehrfach innerhalb eines Buches bei bestimmten Themen, aber das gilt nicht für das Gesamtwerk; dafür weiß ich schon zu lange, daß ich schreiben will und schreiben muß; ich habe die Erfahrung, daß ich ohne Schreiben nicht leben kann.

MC *Und was kommt, wenn das Buch abgeschlossen ist?*

PK Ich hab' bei mir die Tendenz bemerkt, daß ich mich mit Arbeit versehen muß, ehe ich fertig bin. Ich sehe eigentlich nur noch ein Lebenswerk auf mich zukommen; ich hab' da nicht sehr viel Wahl.

MC *Du gehst also mit dir und deiner Arbeitsmöglichkeit und -fähigkeit sehr strategisch um, so daß du die »prä- und postkreativen Depressionen«, wie es heißt, schlimme Einsamkeitsangst, versuchst zu vermeiden?*

PK Ja, ich versuche mir darüber klarzuwerden, daß ich nur eine bestimmte Zeit habe zum Leben und schon innerhalb dieser Zeit mit einem Lebensplan, der sich mir aufgedrängt hat, als ich sechs oder sieben war, halbwegs zu Rande kommen muß.

MC *Lebensplan, Lebensentwurf: das Verhältnis Kunst und Leben, worüber manche immerfort nachgedacht haben: es gibt unterschiedliche Haltungen, die einen leben ganz still und bescheiden, die anderen um so wilder. Rilke hat einmal gesagt: »Ein Dichter muß alles erlebt haben«, und dann hat er wiederum gesagt: »Ein Dichter muß sein Leben zuwachsen lassen wie einen alten Weg.« Was stimmt?*

PK Beides stimmt natürlich. Ich glaube, daß ich alle Epochen in meinem Leben noch mal nachvollzogen habe. Ich hatte eine Zeit, ziemlich früh, wo ich Rimbaud auswendig kannte und natürlich versucht hab', mein Leben nach seinen Gedichten einzurichten. Das war sehr anstrengend, aber auch schön. Und ich hatte 'ne Zeit, wo ich die amerikanische Lyrik des 20. Jahrhunderts, dann die ganzen Beat-Poeten, den Ginsberg, den Kerouac, vorgezogen und versucht hab', jedes Wort von ihnen zu lesen. Ebenso gab es Zeiten, wo mir viel entlegenere Epochen näherstanden. Mittlerweile glaub' ich, daß ich mir leisten kann, ohne »Leben« auszukommen und in dieser Zeit ein sehr lebensechtes, lebendiges Werk zustandezubringen.

ANNA RHEINSBERG

»Ich versuche, was ich in Körpern entdecke, in Sprache umzuwandeln«

1956 in Berlin geboren, aufgewachsen in Berlin und im Niedersächsischen, Schulzeit dort und (zwischen 1975 und 1978) in Kassel, wohnt Anna Rheinsberg seit ihrem Studium der Germanistik als freie Schriftstellerin in Marburg an der Lahn, veröffentlichte Gedichte, hat in Kassel die Frauenzeitschrift ›Tollkirsche‹ und in Marburg die ›Spinatwachtel‹ (1979–84) mitgestaltet. Hat ein neugieriges, ereignisreiches Leben geführt, ehe sie sich unter die Rosenbüsche am Marburger Berghang zurückzog, um in relativer Ruhe zu schreiben; denn früher als andere hat sie gewußt, daß es ihr in erster Linie darum geht. Sie hatte dabei faszinierende Personen kennengelernt, so daß sie vor der Banalität ihrer Literaturprofessoren »ohne Charisma« in Marburg fassungslos stand; Anreiz zur abverlangten »preußischen Disziplin« für das Studium waren sie ihr nicht. Ihre Abschlußarbeit: ›Leid als Prinzip‹ ist der Dichterin Claire Goll gewidmet. Seit Jahren hat Anna Rheinsberg im Frauenfunk des Hessischen Rundfunks die Sendungen ›Schreibwerkstatt‹ und ›Porträts vergessener Lyrikerinnen‹ moderiert; die »Texte von Frauen« erschienen 1988: ›Bubikopf. Aufbruch in den Zwanzigern‹. Seit 1979 sind fast alljährlich Gedicht- und Erzählungsbände von Anna Rheinsberg erschienen, so ›Wolfskuß‹ (1984), ›Marthe und Ruth‹ (1987) und ›HerzLos. Kerlsgeschichten‹ (1988), ›Kriegs/Läufe. Namen. Schrift. Über Emmy Hennings, Claire Goll, Else Rüthel‹ (1989), ›Narcisse Noir‹ (1990).

Aus *HerzLos*, 1988

»Mittag ist.
Er spricht. Seine Haut, erdfarben, ein sanftes, schönes Braun, mit tief schwarzem Haar wie Seide.
Ein irden Tag, Feuer ist, immer trägt er eine Kette aus grünen Steinen, die eine Chinesin ihm gab.
Sie sagte, er erinnere an Brot und habe Augen, die ein Getto erblickten, das doch sein Herz sei. Nicht auszubrennen, auch wenn man ihn später erschlage. So sagte sie. Und er erschrak.
Im Traum klagt er und spricht. Nie mag er stillstehn, denn dann ginge ihm die Traurigkeit auf und davon, und er könnte nicht mehr hinter ihr/mit ihr: mit dem Brot, der Traurigkeit (seiner Augen), dem Stein.
An dünnem Faden.
Atem/Zug. Wie sie auch weint und ihn ruft, er hält die Augen weit offen und steigt über ein Feuer mit ihr.
Und er nennt sie mit Namen, rauh, in eigensinnig kehliger Diktion, ohne Echo, fängt ihre Hände, und ist ihr das Brot.
Sie legt den Kopf fest zwischen seine Schulterblätter, dort, wo der Atem wohnt. Geduld, sagt er.
Er küßt sie, Talmud.
Ohne Erinnerung, Schmerz, ohne Ungeduld.
Später sagt er: Schreib nicht, schreib nicht über mich, schreib erst, wenn ich tot/
Nein, er widerspricht.
Alles Böse, das seinen Weg hinter mir geht, folgt und läßt keine Ruhe.
Ich weiß es, sagt er. Ich bitte dich, schreib mir ein gutes Wort, ein Wort, das mich liebt und neben mir geht und seine Hand in mich legt.
Dann betet er.
Sie läßt ihn allein, sie schreibt ein Wort. Atem, schreibt sie, daß immer ein Feuer ist, wenn du sprichst.
Der Himmel ist eine Moschee.
Der Himmel ist ein selten Tier. Kummer, Fleisch und Seide.«

MECHTHILD CURTIUS *Ihre neuen Geschichten scheinen mir leiser und behutsamer geworden.*

ANNA RHEINSBERG Was Sie sagen, stimmt: Die grellen Töne, die »Jugendtöne«, die ich ganz am Anfang hatte, in meinen Gedichten und in der Prosa, sind natürlich stiller geworden. Das hat damit zu tun, daß ich mich in den Jahren sehr viel mehr mit Literatur von Frauen einer ganz bestimmten Zeit beschäftigt habe. Sicherlich, durch die Leseerfahrung, die Lektüre, ich bin eine sehr eifrige Leserin, verändert sich mein Blick und verändert sich das Wort. Ich achte mehr auf Nuancen, mehr auf Zwischentöne, und ich achte auf die Stille. In den letzten Jahren hat sich herauskristallisiert, daß ich die Stille sehr bevorzuge, obgleich ich ja vielleicht noch jung bin, gemessen an andern. Und durch das Leben, das ich führe, in diesem Haus hier in einer selbstgewählten Atmosphäre von Bäumen, Pflanzen, diesem separaten Haus am Fluß in einer bestimmten Naturumgebung, die noch recht ursprünglich ist, habe ich die Möglichkeit, mich auf das Wesentliche zu konzentrieren, das heißt auf Stimmen. Das heißt auch auf *die* Stimmen, die um mich herum sind, Tierstimmen, Vogelstimmen, das Geräusch des Windes, Geräusch der Bäume, Pflanzen. Aber das ist ein Prozeß, in dem ich mich gerade erst befinde. Ich weiß nicht, wie es weitergeht. Es stimmt, ich gucke auf Nuancen, auf ganz leise Sachen bei Menschen. Ich gucke auf Gesten, das habe ich immer schon gemacht, ich beobachte, wie Menschen sich bewegen und was sie sagen. Aber die gesprochene Rede interessiert mich sehr, sehr wenig; mich interessiert eine gewisse Körpersprache: wie ein Mensch, meinetwegen, das Haar zurückstreicht, wie ein Mensch lächelt. Wie spricht er, wenn er lächelt? Welche Sprache hat sein Lächeln? So muß es heißen! Welche Gestik hat er? Was berührt er an sich, und was rührt er damit in mir an, also in der »Seherin«? Ich habe das Wort gern und betrachte mich als Seherin, als Blick. Und ich versuche, Blicke und das, was ich in Körpern entdecke, in Sprache umzuwandeln und damit eben auch Menschen zu skizzieren, kleine winzige Details an Menschen in Worte zu transportieren, zu transformieren oder wie immer man es nennen will.

MC *Mit diesen leiseren Tönen ist die Leidenschaftlichkeit nicht abgeklärter geworden; Sie sind eine Schriftstellerin, die sehr viel weiß von Erotik, von Sinnenhaftigkeit.*

AR Von einer gewissen Sinnlichkeit; denn »Erotik«, so wie sie gemeinhin zwischen Mann und Frau existiert, hat mich stets herzlich wenig interessiert. Ich denke, vielleicht ist mein Blick leidenschaftlich? Mein Zugang zu Menschen ist trotz meiner äußeren Art und der Art, wie ich spreche, vorsichtig. Ich betrachte mich als Seherin, ich beobachte sehr gern.

MC *Sie geben auch Anthologien heraus, recht oft zur Thematik »Frau und Literatur«, Sie machen Rundfunksendungen.*

AR Was die Beschäftigung mit Literatur von Frauen insgesamt angeht, habe ich mich spezialisiert auf Frauen der zwanziger und dreißiger Jahre unseres Jahrhunderts; Ausgrabungen zu machen ist 'ne Leidenschaft von mir. Ich habe damals begonnen, mich intensiv mit Claire Goll – vor fast zehn Jahren – zu beschäftigen, bin dann auf andere Frauen gestoßen, wie auf Mascha Kaléko, die ich sehr liebe. Als ich anfing, Gedichte zu schreiben, war sicherlich die Kaléko so 'ne Initialzündung für mich. Und dann Irmgard Keun, natürlich, es gibt viele andere. Habe dann gedacht, ich müßte was daraus machen, ich müßte das veröffentlichen, in Publikationen der Frauenbewegung, aber auch anderswo. Habe dann vor allem Namen genannt, ich verstehe diese Arbeit als Namensnennung: daß sie existiert haben, und darzustellen, wie haben sie geschrieben, wie haben sie gelebt. Das ist eine Geschichte, und die andere ist, daß ich denke, ich bin ja nicht allein auf der Welt als Schriftstellerin, ich habe auch die Pflicht – ich bin da sehr moralisch, ich bin ja preußisch aufgewachsen –, auf Frauen aufmerksam zu machen.

MC *Warum diese Ausgrabungsleidenschaft?*

AR Die Ausgrabungsleidenschaft hat mit dem Milieu zu tun, aus dem ich komme; ich komme aus Berlin, 'ner richtig preußischen Berliner Familie, hauptsächlich mit Frauen aufgewachsen, von Frauen erzogen. Weiblichkeit war immer präsent. Frauen hatten etwas zu sagen. Meine frühesten Erinnerungen sind diese vielen »Tanten«, entweder unverheiratete Frauen oder Frauen, deren Männer im Krieg gefallen sind, die meine Großmutter um sich herumscharte. Ich erinnere mich an diesen Garten in Berlin-Frohnau, ich erinnere mich an die Tanten, die da unter den Lampions saßen an einem Gartentisch auf Korbstühlen, und alles plauderte und zwitscherte. Und das vermengte sich mit den Vogelstimmen. Das sind Assoziationen: Stimmen, Beobachtungen, Sprechen. In der Erinnerung sind es häufig Frauenstimmen.

MC *Also besteht zwischen diesem Ausgraben, dieser Namensnennung von anderen Frauen und dem eigenen Schreiben bei Ihnen keine Spannung, sondern das sind sogar Bedingungen?*

AR Das sind Bedingungen! Und, vor allem sind es ja Lehrmeisterinnen. Ich habe das sehr dankbar begriffen – nicht im Studium, da habe ich dergestalt nie etwas beigebracht bekommen! Ich war damals in den Jahren, die ich '75 bis '78 in Kassel zugebracht habe, in Frauengruppen und habe eine kleine Kasseler Zeitschrift, die ›Tollkirsche‹ hieß, mitgestaltet; hier in Marburg habe ich mit anderen Frauen '78 die ›Spinatwachtel‹ gegründet, eine Frauen-Literatur-Zeitschrift; ich komme aus dieser »Frauen-Schreiben-Bewegung«.

MC *Und das ist für Sie ein Anteil von politischer Teilnahme und Öffentlichkeitsarbeit?*

AR Ja, natürlich! Für mich war und ist Zuneigung zu anderen Frauen immer auch ein politischer Akt, eine Willenserklärung! Ganz gewiß.

MC *Haben Sie damals schon geschrieben?*

AR Geschrieben habe ich schon als Kind. Ich war ein sehr krankes Kind, ich habe viele Jahre im Krankenhaus verbracht – ein schweres Beinleiden, das ich von Geburt an habe –, da hat meine Mutter – auch als Initialzündungs-Geschichte – mir ein Tagebuch ins Krankenhaus gebracht, und ich habe eifrig Tagebuch geschrieben. Und mit fünfzehn Jahren habe ich einen kleinen Roman angefangen. Ich war ein sehr wildes Kind. Ich bin ja mit vierzehn, fünfzehn – früher – mit dreizehneinhalb von zu Hause ausgerückt und habe mich mit schweren Motorradjungs herumgedrückt. Über diese aufregenden Zeiten gibt es ein Romanfragment, das ich noch besitze. Und die Schreibidee damals kam durch die Frauenbewegung und weil ich ganz gräßlich verliebt war mit achtzehn Jahren: Ich war verliebt in einen bezaubernden Flohmarkt-Jüngling mit rotem Hennahaar, und mit dem ging ich oft an einem Garten vorbei, mit wilden Mohnblüten – ganz kitschig wird's – stimmt tatsächlich! Und so habe ich mein erstes Gedicht geschrieben: ›Mohnblüten und nochwas‹. Und damit fing es an.

MC *Aber kaum einer bleibt dabei, zu schreiben! – Die wilde Vergangenheit in Berlin, in Kassel – und nun wohnen Sie hier so ruhig? Schreiben ist ja wohl eine stille Arbeit, allein im Zimmer, oder bei Ihnen nicht?*

AR Doch, bei mir im Zimmer allein! Ich empfinde es als ganz großen Mangel, daß ich nicht unterwegs schreiben kann. Das Schlimmste ist, mit mir zu reisen, weil sich nämlich nach drei Tagen schreckliche Gedanken einstellen: »Mein Leben geht zu Ende, mein Schreiben geht zu Ende! Kannst einpacken, Rheinsberg, kannst dir 'n Strick nehmen!« Diese Reisen sind Katastrophen. – Die Stille hier habe ich mir bewußt gewählt, einmal der Stimmen wegen und auch, um mich radikal auf mich zu konzentrieren; und ich möchte immer noch weiter in mich hineinhorchen und mit diesen Stimmen leben und sehen, was ich aus diesen Stimmen, die um mich herum sind, machen kann, wie mich das inspiriert. Obwohl ich's auch verfluche, es gibt Tage, da möcht' ich's Haus anzünden! Ich versuche, eine innere Balance herzustellen. Und da ich sehr preußisch erzogen bin, war immer eine Maxime: »Man hält aus! Es gibt überhaupt kein Drücken.«

MC *Diese Isolierung allein im Zimmer, wo einem »die Decke auf den Kopf fällt«, das kennen Sie auch als »Pein«?*

AR Als Pein, ja! Schreckliche, schreckliche Geschichte! Es ist überhaupt nicht so, daß Schreiben mir Lust bereitet. Es heißt immer so.

MC *Wer sagt das? In meinen Gesprächen hat das noch nie ein Autor gesagt, sondern das, was Sie sagen: Preußische Menschen – Disziplin und Rausch –, die zu Hause sitzen und gewisse Rituale brauchen.*

AR Gebunden an Rituale, das stimmt. Ich gehe natürlich raus, und ich besuche Leute, und ich bin auch sehr vergnügungssüchtig. Aber Schreiben nur hier, in diesem selbstgewählten Szenario, mit diesen Bildern und mit Reliquien – das hat ja alles 'ne bestimmte Stimmung – oder es gibt bestimmte Musik; zum Beispiel liebe ich diese schwarzen Sänger, Prince oder so was – nicht Michael Jackson – diese »kleinen, bösen Biester«. Bei AFN-Musik kann ich sehr gut arbeiten.

MC *Da sind also Umgebung, »Szenario«, schon Vorläufer von Ritualen?*

AR Ja!

MC *Wie fängt es morgens an?*

AR Wie fängt es morgens an? Ich bin Frühaufsteherin; um sechs wache ich auf, dann krieg' ich meinen Kaffee, trinke ich Kaffee im Bett, dann lese ich immer zwei drei Stunden morgens und abends, ich muß Gymnastik machen, ich hantele – ich möchte ja meinen Körper etwas kräftigen am Schreibtisch –, dann mache ich morgens meine Post oder gehe zur Bank, ich fahre viel Fahrrad, und so kommen mir schon – Ideen, kann ich nicht sagen, aber mir kommt was in den Kopf. Wenn ich Fahrrad fahre oder schwimme, fallen mir ganze Romane ein. Die ich aber sofort vergessen habe, wenn ich dieses Zimmer wieder betrete. Ungedruckte, ungeschriebene Sachen sind so in meinem Kopf entstanden, wunderschöne Sachen.

MC *Und die werden auch nicht in Notizbüchern festgehalten?*

AR Nee, nee, nee, gar nicht. Das hat sich nie ergeben! – Das ist vielleicht nötig, um meinen Kopf in Schwingung zu bringen?

MC *»Was gut ist, kommt wieder.«*

AR Was gut ist, kommt wieder!

MC *Und ehe Sie sich an den Schreibtisch setzen, gibt es dann auch vorbereitende Rituale?*

AR Dann gibt's natürlich vorbereitende Rituale. Ich muß erst mal Tee kochen, muß meine Zigaretten drehen; meistens zerreiße ich sehr viel Papier, bevor ich überhaupt anfange. Ich bin Fetischistin: ich muß immer ein schönes weißes Blatt Papier in die Schreibmaschine tun. So ab zwei oder drei fang' ich an, richtig zu schreiben, ich trinke mein Gläschen Wein, ich rauche entsetzlich viel Zigaretten, wenn ich schreibe. Ich muß immer etwas trinken; es bleibt auch bei einem Glas. Und dann stelle ich's Telefon ab und arbeite bis fünf oder sechs. Dann ist Schluß für'n ganzen Tag. Abends schreibe ich Tagebuch, regelmäßig. Und Schluß.

MC *Schreiben Sie jeden Tag oder mit Pausen? Zu bestimmten Stunden, das weiß ich schon. Wenn Sie keine Lust zur Arbeit haben, zwingen Sie sich dann trotzdem?*

AR Das gibt's nicht! Keine Lust gibt's nicht. Das ist mir so anerzogen. Ich schreibe jeden Tag, ich sitze jeden Tag an meinem »Werk«, entweder ich überarbeite was... Arbeiten heißt natürlich auch Beschäftigung mit Literatur von anderen Menschen, Lesen, Lektüre, In-die-Bibliothek-Gehen, alles, was im weitesten Sinne mit Schreiben zu tun hat. Das muß nicht heißen, daß ich jeden Tag ein Gedicht oder Prosa schreibe; aber mich darauf einstellen und vorbereiten, das mach' ich jeden Tag. Sonntags manchmal nicht. Sonst habe ich ein schlechtes Gewissen; ich muß das tun.

MC *Schreiben Sie mit der Hand oder mit Schreibmaschine? Benutzen Sie moderne Techniken wie Tonband und Computer?*

AR Nein. Gar nicht. Ich schreibe Tagebuch mit der Hand, und die Gedichte schreib' ich mit der Hand. Die Prosaskizzen manchmal, meistens mit meiner kleinen elektrischen Schreibmaschine. Aber Computer hat mich nie besonders interessiert, würde mich eher verwirren. Ich denke, wenn ich was zu sagen habe, kann ich genausogut mit der Hand schreiben.

MC *Überarbeiten Sie oft? Und wenn, dann wie? Stets das Ganze neu oder Korrekturen?*

AR Das ist unterschiedlich bei Lyrik und Prosa. Die Gedichte entstehen meist in einem Augenblick oder an einem Abend. Ich schreibe häufig am Abend Gedichte, tagsüber und morgens nie. Gedichte sind wie ein Guß, und da wird auch nichts überarbeitet. Ich lasse sie manchmal aber liegen, gucke sie mir vielleicht ein paar Tage später wieder an und tausche ein Wort aus. Mit der Prosa ist es anders; ich schreib' ja nie mehr als 'ne halbe Seite am Tag. Prosa skizziere ich, muß ich vorab sagen: ich skizziere die Idee, die Art, wie das geschrieben werden soll, die Personen, falls man bei mir überhaupt von »Personen« sprechen kann. Ich schreibe das so hin und tippe es 'rein in die Maschine, dann bleibt es 'n Tag liegen, dann gehe ich die nächsten Tage Satz für Satz durch, d. h., ich spreche immer laut; bei mir kommt's ja viel auf Rhythmus, auf Melodie und auf die Musik an, ich verstehe meine Texte oft musikalisch. Ich tausch' hier mal ein Wort aus, oder ich streiche ein Wort. Aber die Idee wird nicht korrigiert, die ist da, und an der wird entlang geschrieben. Hinterher ist es fertig, dann wird es nicht wieder korrigiert. Also so wie es in meinem Kopf ist, geht es auf das Papier. Nur die Wörter werden vielleicht überprüft.

MC *Gibt es Vorarbeiten wissenschaftlicher Art? Mit Zettelkästen, Entwürfen, Recherchen?*

AR Was meine eigene literarische Arbeit angeht, nicht. Aber sicherlich, wenn ich über die Zwanziger-Jahre-Frauen schreibe. Gerade bei meiner ›Bubikopf‹-Anthologie habe ich über Jahre eine sehr umfangreiche Korrespondenz geführt, zum Teil mit Nachlaßverwaltern, mit zuständigen Stellen: ich habe Leute besucht, die diese Frauen noch gekannt haben. Und ich lese natürlich viel und mache mir meine Gedanken sowohl über die Frauen als auch über die Zeit; ich lese Bücher über die Zeit, Biographien. Ich habe im Sommer '87 lange über Emmy Hennings gearbeitet, die Arbeit mit einem Essay beendet; sicher ein Dreivierteljahr Arbeit, das mir große Freude machte; das nimmt mir nichts von mir selbst; sondern ich verstehe meine Arbeit mit und an diesen Frauen auch als Teil eigener literarischer Arbeit, und ich lerne ja auch von diesen Frauen.

MC *In dieser Zeit, in der Sie einen Essay über eine andere Autorin schreiben, schreiben Sie dann auch noch Ihre eigenen, aus Ihrer Phantasie entstehenden Texte, oder gar nicht?*

AR Prosatexte schreib' ich dann nicht! Ich schreibe natürlich Tagebuch, ich führe meine Korrespondenz weiter, die sehr aufwendig ist, ich führe meine Besuche weiterhin aus, und ich schreibe ab und zu ein Gedicht. Aber Prosa nie; daß ich dann 'ne Geschichte erfinde oder konstruiere – das tu' ich nicht! Dann konzentriere ich mich ganz auf diese bestimmte Frau und lebe eigentlich auch in ihren Worten. Ich *spreche* mit diesen Frauen; ich spreche ihre Gedichte, oder ich führe kleine Dialoge mit ihnen. Ich hänge ihre Fotografie auf und gucke sie mir an. So versuche ich mir Zugang zu verschaffen.

MC *Zwischen zwei Büchern, gibt es da für Sie »flaue Zeiten«?*

AR Ja! Wenn ich an ›Marthe und Ruth‹ denke! Im Sommer '85 war's fertig, und danach? Ich hab' die Eigenart, daß die Figuren bei mir am Tisch sitzen. Die leben ja. Und wenn die dann plötzlich weg sind, fall' ich in eine große Leere und bin meist sehr unglücklich. Ich sage immer, das ist, als ob ich ein Kind geboren und es wieder verloren habe. Ich leide sehr, ich bin sehr erschöpft, ich bin meist traurig, ich krieg' Pickel, esse zu viel oder zu wenig. Ich brauche häufig mehrere Monate, um mich zu erholen von diesen Figuren, die ich geschaffen habe, und ich vermisse sie sehr.

MC *Sie haben sehr zeitig angefangen zu schreiben. Haben Sie Unterschiede beobachtet zwischen der ersten Zeit des Schreibens und der angewachsenen Erfahrung nach mehreren Büchern?*

AR Ja. Am Anfang meinte ich, jeder alberne Satz wär' das Naturereignis, ich bin die Königin. Man wird dann vorsichtiger, man nimmt sich nicht mehr so ernst.

MC *Zu dem, was wir gemeinsam ermittelt haben, gibt es wissenschaftliche Versuche einer Systematisierung, immer wieder die Einteilung schöpferischer Arbeitsprozesse in vier Phasen; es sind: 1. die Präparation oder Vorbereitung, 2. die Inkubation oder das Heranreifen, 3. die Inspiration oder die »Erleuchtung«, 4. die Überarbeitung oder die Kontrolle. Kennen Sie diese vier Phasen? Würden Sie sie bestätigen oder als lächerlich ablehnen?*

AR Ich hab' noch nie davon gehört und kann mir auch nichts darunter vorstellen! In der Germanistik immer nur Brecht und Thomas Mann. Da wurden Texte gelesen, das war's dann!

MC *Warum hat man sich während der Weimarer Zeit, über die Sie ja Frauenforschung machen, dafür interessiert? Eine Zeitung namens die ›Literarische Welt‹ hat Umfragen gemacht. Magnus Hirschfeld, ein jüdischer Psychologe, hat viele Dichter befragt.*

AR Die ›Literarische Welt‹ hab' ich mir selber ausgegraben! Im Seminar habe ich nie was davon gehört. Die Weimarer Frauen habe ich mir selber angeeignet, weil mich Claire Goll einmal ansprang. Von wegen Hochschule und Professoren gehe man mir fort! Weder Persönlichkeit noch Charisma. Da hab' ich gedacht: Weg, weg, weg! – Ich denke, wahrscheinlich ist es eher mit Brüchen versehen. Eine Phase fehlt, oder wie immer. Ich würde es nicht so benennen, nicht diese akademischen Worte, ich kriege eine Gänsehaut, wenn ich diese Worte höre. Aber, mag sein!

MC *Ich möchte darauf zurückkommen, daß Sie früher wild gelebt haben und nun bewußt ein paar Jahre leiser leben wollen. Es gibt ja alle Positionen, bei Künstlern wie bei allen Menschen; die großen Extreme, Leben wild und windstill, hat Rilke in Worte gefaßt: »Ein Dichter muß alles erlebt haben« und »Ein Dichter muß sein Leben zuwachsen lassen wie einen alten Weg«. Halten Sie es nicht ähnlich?*

AR Ich denke, ich hab' ein bißchen Vorsprung, weil ich so ein ungewöhnliches Leben geführt habe als Mädchen. Als ich z. B. den zweiten Gedichtband, die ›Bella Donna‹ 1981 veröffentlicht hab', hat man immer vermutet, »die ist bestimmt schon zehn oder zwanzig Jahre älter«, als ich damals war. Einmal bedingt durch die Krankheit, die mich sicher hellhörig hat werden lassen, durch diese eigenartigen Familienverhältnisse, dadurch, daß ich mich sehr früh von zu Hause abgemacht habe, habe 'ne Menge gewagt! Und irgendwann, so mit Mitte, Ende zwanzig, habe ich gedacht: Ich möchte jetzt ein paar Jahre nichts wagen! Und ich möchte auch mal ein bißchen ruhig sein. Das Wagnis kommt sicherlich mal wieder! – Ja, ich habe viel erfahren. Ich habe einige sehr eigenartige Grenzverletzungen erlebt und mitgemacht, und ich weiß, wozu Menschen fähig sind, und es hat mich nicht mehr so interessiert, eben weil ich als so sehr junges Mädchen sehr viel erlebt habe, von dem ich denke, daß Frauen es manchmal mit fünfzig noch nicht erleben werden, aus Feigheit oder weil sie keine Gelegenheit haben. Und es reicht mir erst einmal. Es reicht mir; das ist alles.

FREDERICK WYATT

»Vitalbalance im prägenden Prozeß der Phantasie«

Das schöne Gesicht mit den schweren Lidern über dunklen Augen erinnert mich an das Stefan Zweigs, und die Sprache, nach Jahrzehnten in Amerika, an Wien. Dort wurde Frederick Wyatt als Friedrich Weiß 1911 geboren, hat Psychologie, Philosophie und Literatur studiert und über ›Die Geschichte des Unbewußten seit Kant‹ promoviert, weiß daher, daß der Begriff uns vor Freud »mindestens drei Jahrhunderte begleitet« hat. Weitere Studien in London und New York. Er verließ Wien 1939, ist amerikanischer Staatsbürger seit 1944, lehrte u. a. in Harvard, wurde 1952 Professor an der University of Michigan; seit 1979 emeritiert. Frederick Wyatt ist Mitglied der Deutschen Psychoanalytischen Vereinigung und anderer psychologischer Organisationen im In- und Ausland. Als Psychoanalytiker der »ersten Stunde« bzw. der zweiten, hat er Anna Freud und die ersten Freud-Schüler persönlich gekannt; er war Schüler von Hanns Sachs und Freund Fritz Redls, Bruno Bettelheims, Erik H. Eriksons. Viele Analytiker trafen sich in der Emigration wieder, z. B. in Boston, das Wyatt, seit 1974 in Freiburg lebend, noch immer regelmäßig besucht. Nachdem die anderen großen Vertreter der psychoanalytischen Kunst- und Dichtungsinterpretation wie Hanns Sachs, Anton Ehrenzweig, Ernst Kris und Robert Waelder nicht mehr zu befragen sind, bleibt Wyatt ein wichtiger Zeuge dieser speziellen Richtung der Psychoanalyse; klinische Erfahrung ist dafür Voraussetzung, schreibt Wyatt, sie muß sich jedoch mit der Beachtung bestimmter Deutungskriterien verbinden. Über die Anwendung der Psychoanalyse auf Dichtung und Kunst hat Wyatt viele Aufsätze veröffentlicht. Daneben Arbeiten über Phantasie und ihre Anwendung im diagnostischen Studium der Persönlichkeit, Theorie und Technik der Psychoanalyse (bes. psychoanalytische Ich-Psychologie), Psychologie der Frau. – Der Forschende muß den kreativen Prozeß introspektiv kennen; Frederick Wyatt schreibt selbst Poesie und Prosa, seine wissenschaftliche Sprache ist anschaulich. – Schon in Wien hat er viele Dichter gekannt, u. a. Elias Canetti; mit dem Freund Hermann Broch hat er einen Briefwechsel geführt; in den USA interviewte Arthur Miller den Klinikdirektor und Psychoanalytiker für eine Zeitschrift. Heute gehört Frederick Wyatt zum Freiburger Kreis der Januartagungen ›Psychoanalyse und Literatur‹, ist für die Szene um Dichtung und Deutung sowohl für Wien als auch für einige Universitäten der USA *der* Zeitzeuge.

Aus *Anwendung der Psychoanalyse auf die Literatur*, 1976

»Das literarische Werk besteht nicht aus einer Phantasie, sondern aus einer ganzen Reihe von Phantasien, die über eine lange Zeit hin ausgeführt, zeitweilig aufgegeben, und dann oft mit anderen Absichten und auf Grund von veränderten Motiven wieder aufgenommen werden. Der Modus dieser Phantasietätigkeit ist es, daß sie ständig revidiert und überarbeitet wird. Dahinter steht ein relativ konsistenter Impuls, der diesen Phantasien Richtung und Form gibt. Während all dies sich zuträgt, muß sich der Phantasierende offensichtlich in ganz verschiedenen, oft völlig unvorhersehbaren Lebensumständen befinden. Die Phantasien, aus denen sich ein literarisches Werk entwickelt, sind also vielartig und vielfältig, heterogen, fortwährend in Umformung begriffen, gleichzeitig progressiv und retroaktiv. Sie mögen wohl von einer Ur- oder Kernphantasie ausgehen und damit in ständigem, aber wechselndem Zusammenhang bleiben. Dabei ist freilich zu bedenken, daß der Autor, nachdem er sich zu seinem Gegenstand entschlossen hat, seine Phantasie bewußt kultiviert – darin besteht eben ein wesentlicher Unterschied zum Tagtraum, der spontanen und ›unkultivierten‹ Phantasie. Der Dichter lernt früh, seinen Phantasien zuzusehen, sie zu aktivieren und zu lenken – kurz, sie für ein Ziel, das außerhalb der Phantasie liegt, zu kultivieren. Der andere, fundamentale Unterschied liegt in der Wechselbeziehung und -wirkung von Phantasien und dem rationalen Gestalten, Verdichten, Aufeinanderbeziehen und Sinn-geben, das heißt dem Alternieren zwischen Phantasieren und anderen Denkakten.«

MECHTHILD CURTIUS *Herr Wyatt, ich weiß, daß Sie dem Begriff »Produktivitätsästhetik« zustimmen, zumal Sie selbst von der Triade, von einem Kreislauf »Produktion-Werk-Rezeption« ausgehen. Sie sagen, im Gegensatz zur privaten Phantasie bei Traum und Tagtraum sei die literarische eine vielfältige Phantasie.*

FREDERICK WYATT Ja. Es fängt beim Tagtraum an; Literatur selbst setzt sich aus vielen kleinen Tagträumen zusammen, die fortgesetzt werden, ein Strumpf, an dem immer weitergestrickt wird, und oft muß man die Maschen wieder auflösen und von neuem anfangen. Ich kann's nicht besser darstellen, als ein sehr geschätzter Freund, Hermann Broch, es einmal gesagt hat, als er über den ›Tod des Vergil‹ sprach, und in der ihm eigenen, amüsierten, amüsanten Weise darüber redete. »Ohne daß ich es merkte«, sagte er, »ist ›der Tod des Vergil‹ im letzten Kapitel die Umkehrung der Tage der Schöpfung in der Genesis! Aber wie ich das gemerkt hab', da hab' ich nachgeholfen!« So ähnlich ist es, wir helfen dann nach. Wir müssen uns immer wieder in dieselbe Trance zurückversetzen, oft mit ganz schlüpfrigen Mitteln, durch Essen, durch Trinken, durch Rauchen, durch alles mögliche. Und dann gelingt's wieder, die Sache beim Schwanz zu kriegen, den Pegasus wieder zu besteigen!

MC *In Ihrem Essay ›Phantasie – Deutung – klinische Erfahrung‹ sprechen Sie von der Notwendigkeit der klinischen Erfahrung, aber auch von der Gefahr, den Autor »auf die Couch zu legen« – oder auch die von ihm erfundene Figur. Sie fragen, ist es jetzt Gottfried Keller oder »Pankraz, der Schmoller«?*

FW Wir müssen uns in jedem Augenblick im klaren sein: der Pankraz ist eine erfundene Figur und ist entsprungen aus vielen aneinandergereihten Tagträumen, wo der nächste den ersten immer ein bißchen korrigiert, indem er ihn weiterführt und gleichzeitig umwandelt; also er ist keineswegs aus einem Guß! Ein Werk ist vielleicht annähernd aus einem Guß, wenn sich nachher der Dichter sehr viel Mühe gegeben hat, die formalen Qualitäten zu ebnen und richtige Zusammenhänge herzustellen. Aber in Wirklichkeit, der Natur der Sache nach, kann es das nicht sein; denn es ist das Produkt von vielen Stunden, die in ganz verschiedenen Stimmungen unter ganz verschiedenen Lebensumständen gemacht worden sind. Der Dichter, der den ›Pankraz‹ oder ein anderes novellistisches Werk angefangen hat, ist ein anderer als der, der ihn beendet; denn in den zwei Monaten oder in den zwei Jahren – und manchmal sind's zwanzig Jahre – ist so unendlich viel geschehen, was ihn verwandelt hat, daß damit auch sein Tagtraum anders geworden ist, wenn er auch immer noch aus denselben frühkindlichen Wurzeln kommt.

MC *Sie sagen in einer Ihrer Schriften, daß es nicht nur ein Erinnerungsstrang sei, sondern viele, die einander schon selbst widerstreiten, so daß auch der literarische Prozeß ein fortwährender Eliminierungsprozeß sei. Sie unterscheiden zwischen dem allgemeinen Imaginieren, sei es Traum, sei es Tagtraum, sei es Vorsichhinphantasieren, und dem speziellen der Dichtung. Wo der Mensch geht und steht, hat er innere Bilder oder »hört Stimmen«, wie eine Autorin sagt. Die meisten sagen, sie sähen innere Bilder, die wie ein Quasi-Film hinter den Augen vorbeilaufen; das scheint das bekanntere Erlebnis. Der Mensch sieht auch mit offenen Augen nicht unbedingt das, was er rein optisch sehen könnte. – Verglichen mit solchem Wildwuchs ordnet die literarische Imagination. Sie nennen es, wenn daraus ein künstlerisches Werk wird, »kultiviertes Phantasieren«. Man geht umher und fühlt sich bleischwer, schwerfällig und hat an Tagen, an denen man sich unproduktiv findet, obendrein das schlechte Gewissen, nichts zu tun. Dann, Tage später, poltert ein Werk heraus. Dann dürfte man im nachhinein vermuten, daß in dieser schwerfälligen, dieser tumben Zeit der sogenannte Inkubationsprozeß abgelaufen sei. Was als Beweis nachher daliegt, ist das Werk. Aber wie kann man den Prozeß wirklich ermitteln, und wie kann man alles beweisen?*

FW Der ganze Prozeß des Einfallens läßt sich nicht ohne den Begriff des Unbewußten erklären. Der ist gewiß zunächst von Freud ausgestaltet und besser verstanden worden, als er es vorher war; der Begriff hat uns mindestens seit dreihundert Jahren in der Philosophie begleitet. Wir müssen annehmen, daß wir viele Eindrücke in uns hineingesaugt haben: da war ein Moment der Erregung, und dann ist er schon untergegangen wie eine Motte, die am Licht vorbeifliegt; auf der anderen Seite ist die Erregung schon wieder weg! Aber sie ist doch nicht ganz weg! Denn es scheint eine Art innere Anreicherung und Ansammlung stattzufinden. Das hat zu tun mit der erstaunlichen Einsicht in die ›conditio humana‹, in die menschlichen Umstände, mit denen der

Dichter lebt, daß er irgendwie Dinge beobachtet und ansammelt, ohne es selbst zu bemerken. Ich kann Ihnen darüber eine Geschichte erzählen von einem sehr erfolgreichen Schriftsteller, der sich gerade jetzt in Deutschland wieder bekannt gemacht hat durch seine Autobiographie, es ist Arthur Miller, der Mann mit dem ›Tod eines Handlungsreisenden‹. Unter ganz amüsanten Umständen hat er einmal ein Interview mit mir gemacht. Er hatte an derselben Universität studiert, an der ich Professor war, kam dann zurück, um einen Artikel für eine teure amerikanische Zeitschrift über diese Universität zu schreiben. Jemand hat ihn auch in meine Klinik geschickt, die ich damals in Ann Arbor an der University of Michigan leitete, um mich zu befragen. Nach einigem Gespräch hatte ich das Gefühl, jetzt bin ich genug befragt worden, jetzt möcht' ich einmal etwas von einem Profi hören: wie es ist mit der Intuition, mit den Einfällen, mit der Kreativität; und er hat mir dann erzählt, wie das vor sich geht: Er geht den Tag herum, erzählt er, und es bleiben ihm Fetzen von Konversationen und Gesichtsausdrücken, wie der Mann in der Untergrundbahn steht und wie jene Frau vor Müdigkeit eingeschlafen ist und was er für Gespräche überall hört. Alles das sammelt er. Alles das ist unbewußt registriert und merkwürdigerweise sogar geordnet worden. In der Hinsicht haben wir etwas von einem Computer in uns, der die Sachen richtig sortiert.

MC *Sie bestätigen also, das sei die Arbeitsinstanz des Künstlers: das Unbewußte? Was haben wir dafür für Anhaltspunkte? Manche wollen sogar materiale Anhaltspunkte; darum Thomas Manns Nachlaß, man kann ein wenig den Weg ermitteln, wie er – von Fetzen von Arbeitsmaterialien bis zu fertigen Figuren in Romanen – ein Werk hat entstehen lassen. Warum sortiert dieser Mechanismus im Kopf in diesen genannten Fällen – Hermann Broch, Elias Canetti, Arthur Miller – richtig, in anderen Fällen entsteht ein großes »Kuddelmuddel«, vom »Traumschreiben« bis zur sog. »Kreativität von Irren«, in den Sammlungen Navratil und Prinzhorn z. B.?*

FW Etwas scheinen die Kreativen zu haben, nämlich dieses unbewußte Ordnungsprinzip und unbewußte Wachstumsprinzip, das sie auch vor ärgerem Leiden und Zerfall beschützt. Das hat nun der Dichter möglicherweise nicht in seinem Alltagsleben. Er hat Scherereien mit Autoritäten, er hat Kopfweh, wie der genannte Thomas Mann. Aber er kann Erlebnisse vertrauensvoll seinem Unbewußten überlassen, erleben und dann dem Unbewußten erlauben, dem guten Computer, sie zu speichern und schon in die richtige Ordnung zu bringen. Und daß sie dann noch diesem zweiten formenden kreativen Prozeß unterworfen werden, den ich erst »architektonisch« genannt hab', also »bauhaft«, das scheint alles dazu beizutragen, eine Art von *Vitalbalance* herzustellen, so daß die Kunst bei weitem nicht ein Ausdruck von Irrsinn ist, wie der unselige Lombroso gesagt hat, sondern eigentlich eine Art Heilung, ein Sich-selbst-in-Ordnung-Bringen, eine ständige Synthese. Man sieht es an allen Schreibenden, an allen Künstlern, an allen *Prägenden*: Wenn Sie an Robert Walser denken: natürlich kommen die Themen seiner schweren Störung immer wieder zur Sprache. Aber sie werden gleichzeitig geordnet und in Form gebracht. Und solang das geschieht, ist der Gestörte, der Beschwerte irgendwie geschützt!

MC *Mir scheint während des Gesprächs, daß Sie in dieser Hinsicht doch ein gehorsamer Jünger Freuds sind; denn er hat ja in ›Der Dichter und das Phantasieren‹ einen ersten Anstoß gegeben, wenn er sagt, daß das Dichter-Ich das Ich in Partial-Ichs zerlege und in verschiedenen Personen auftreten lasse; aber mit dem Schlußsatz vom »Anfange neuer, interessanter Beobachtungen« fordert er dazu auf, weiter zu beobachten. Wir wissen inzwischen, daß es noch viel komplizierter ist: nicht nur das Ich wird zerlegt, manchmal in Fetzen seiner selbst, sondern auch fremde Ichs werden zerlegt und mit dem eigenen Erinnern gekoppelt. Aber wir alle kommen immer wieder an einen Punkt, wo wir sagen; bis hierhin Heureka. Aber weiter bleibt es Geheimnis. Wann wird man es lösen können? Will man es lösen? Und warum bleibt die Angst vor dem Schwinden der Einfälle?*

FW Warum leben wir diese eigentümliche Existenz? Einmal fürchten wir, daß die Hilfe, die aus der Besessenheit vom Schreiben kommt, dann nicht mehr stattfinden, also daß der innere gute Computer schweigen könnte. Aber dann gibt es noch etwas ganz anderes: das ist das Erfülltsein von anderen Welten. Wie es wäre, zu leben und zu sein, wenn ich nicht grad Ich geworden wäre? Man kann nicht sagen, daß man immer nur autobiographisch verfährt, obwohl eine dünne rote Linie aus jenen frühen Quellen des Erlebens immer wieder mitgeht. Aber etwas anderes ist auch, daß man immer wieder fragt: Wie wäre es, wenn ich so wäre? Goethe ist nicht nur daran interessiert, vom ›Faust‹ zu reden, der ein Stück von ihm war, sondern auch von Wagner! Zu sagen »Wie wäre es, wenn ich ein pedantischer Scholar wäre, wie wär' das Leben dann?« Es ist eine ungeheure Neugierde, eine Art Seelenschnüffelei, die immer wieder am Werk ist, immer wieder hineinzukriechen in andere Psychen und sie dann sozusagen aufzublähen wie einen Luftballon mit der Macht der Phantasie. Es ist wie in diesem alten Witz von den beiden Irren, wo der eine sagt, indem er eine Faust macht, rat, was hab' ich in der Faust, und der andere sagt, die ganze Welt, und der erste sagt: du hast geguckt! – Das ist ein bissl so in der Schriftstellerei: »Ich kann die Welt in mich aufnehmen, ich kann sie wiedererschaffen, ich kann alle Bilder zusammenstellen, ich kann alle Möglichkeiten ausschöpfen!« Und das ist ein rauschhaftes Hochgefühl, für das man, weiß Gott, sehr teuer zahlt!

MC *Sie meinen, man muß nicht nach der Droge fragen, die genommen wird: das Schreiben ist selbst eine?*

FW Ja!

MC *Herr Wyatt, Sie wissen so viel über den schöpferischen Arbeitsprozeß und in so feinen Schritten wie einer, der selbst schreibt; denn die Richtung bekommt man durch Introspektion. Sie sind sowohl Psychoanalytiker, der Spezialist für die Frage der Produktivitätsästhetik ist, als auch Literaturwissenschaftler, der noch dazu über die ›Geschichte des Unbewußten seit Kant‹ promoviert hat, und Sie sind selbst Dichter, Erzähler. Gibt es zwischen diesen drei Funktionen Spannungen, gibt es Unverträglichkeiten? Auch zwischen dem wissenschaftlichen und erzählerischen Schreiben?*

FW Ich glaube, daß das eine vom andern eher gewinnt, als daß es stört; ich find' es schön, daß ich die Möglichkeit hab', mein eigenes experimentelles Subjekt zu sein, mein Versuchstier gewissermaßen. Sie haben vorhin die Frage gestellt, woher ich diese Dinge wüßte. Nun, zunächst einmal von begabteren und berühmteren Freunden, die mir davon erzählt haben, wie Broch; dann hab' ich versucht, systematisch weiterzugehen und weiterzudenken, weiterzugehen in der Systematik, als sie selbst es konnten, wenn sie davon anekdotenhaft gesprochen haben. Vom vielen Lesen, von den Beobachtungen der Dichter, von den Bemühungen, Dichtung psychoanalytisch zu deuten und zu verstehen, aber zuerst und zuletzt natürlich aus der Selbstbeobachtung. Ich glaube, daß im weiten Bereich des Psychologischen unabdingbar immer wieder etwas vom eigenen Erleben kommt, daß man aus dem, wofür man den ersten und letzten Hinweis aus sich selbst geschöpft hat, dann die Prinzipien macht, und es kommt mir immer ein bissl komisch vor, wenn Wissenschaftler versuchen, das zu leugnen und zu tun, als ob sie nur ein beobachtendes Auge und ein kalkulierendes Gerät wären, das die Dinge dann zusammenrechnet.

MC *Schön, daß gerade Sie das sagen; denn mit Ihnen gibt jemand die Bedeutung der Introspektion zu, der diese auch gebraucht, um anderen zu helfen und über andere Erkenntnisse zu machen. Das merkt man mit zunehmendem Leben, daß es der beste Egoismus ist, von sich selbst abzusehen. Aber – paradox – durch die Introspektion weiß man, wie Menschen überhaupt funktionieren, reagieren; diesen eigenartigen Mechanismus, diesen »Computer« erlernt man und wendet das Wissen auf andere an. – Frederick Wyatt, Sie erwähnen öfters Hermann Broch, Sie kennen Elias Canetti; Sie haben von Arthur Miller gesprochen. Wen haben Sie noch aus der Wiener, aus der Freudschen Szenerie und von den Dichtern gekannt? Ich möchte Sie um einen Lebensabriß bitten.*

FW Ich hab' das Glück gehabt, in einer Stadt geboren zu werden und aufzuwachsen, in Wien, in der eben damals viel los war. In einem Zustand allgemeiner Armut und politischer Unordnung und Mißwirtschaft, in einem Land, das aus einem großen plötzlich ein kleines geworden ist, mit einer konservativen und recht unbedarften Regierungspartei, in Armut und mit Hoffnungen, die weitaus geringer waren als die der jungen Generation heute, über die man soviel spricht. Trotzdem war die Stadt voll von begabten Leuten, es ist beinah in jedem Fach etwas besonders Kreatives vorgegangen, und man hat das Glück gehabt, wenn man sich gewissermaßen an die rechte Stelle hingestellt hat, einigem davon zu begegnen. – Ich komm' aus einer bürgerlichen Familie, mein Vater war ein höherer Staatsbeamter. Ich habe in Wien studiert, vom Jahr '30 bis zum Jahr '36, und zwar die Fächer Philosophie, Psychologie und Literaturwissenschaft, bin denen weiterhin verhaftet geblieben und hab' mich dann der Psychoanalyse zugewendet, im Zusammenhang mit der Psychologie, aber vor allem im Zusammenhang mit persönlichen Erlebnissen. Und da muß ich zweier Freunde gedenken, die großen Einfluß auf mein Leben gehabt haben; vor allem Fritz Redl, ein hervorragender Psychoanalytiker für adoleszente, aber besonders für gestörte und delinquente Jugendliche. Er ist in diesem Jahr in einem kleinen Nest im Staat Massachusetts in den Vereinigten Staaten gestorben, hoch über achtzig. Ein Freund, den ich durch ihn gewonnen hab', ist Bruno Bettelheim, der allgemein bekannt ist als Psychoanalytiker, vor allem als jemand, der das Verständnis und die Behandlung von sehr schwer gestörten Kindern auf eine neue Stufe gehoben hat. Das war ein Teil der Umgebung. Man hat Dichter gekannt, von denen man heute nicht mehr sehr viel spricht, einer davon, Theodor Kramer, ist jetzt wieder aufgelegt worden. Ebenso hab' ich das bedeutungsvolle, wenn auch ambivalente Erlebnis gehabt, Karl Kraus öfters zuzuhören in seinen Vorlesungen. Das waren die Möglichkeiten, und es hat wirklich kein besonderes Geschick dazugehört, daran teilzunehmen, man mußte nur die Stimulation aufnehmen. – Mein Interesse am Schreiben hat ebenso früh angefangen wie das an der Psychoanalyse. Das Schreiben wohl ein bissl früher damit, daß ich schlechte Gedichte gemacht hab' wie so viele Jugendliche. Und die Psychoanalyse kam dann, wohl durch den Einfluß Fritz Redls, dazu, wie ich etwa achtzehn oder neunzehn war. Ich hab' dann doch Philosophie als Hauptfach studiert, und bei meinem damaligen Lehrer auch meine Dissertation geschrieben, bei Robert Reininger, einem sehr bedeutenden Philosophen, hervorragenden Erkenntnistheoretiker. Ich hab' also '30 bis '36 an der Wiener Universität studiert. Die psychologische Abteilung damals unter Karl und Charlotte Bühler war durchaus nicht psychoanalyse-freundlich; wir haben uns insgeheim analysieren und ausbilden lassen, das war eine Art underground-activity. Dann kam die Emigration im Jahr '38; ich ging erst in die Schweiz, dann war ich kurz in Paris, danach neun Monate in England.

MC *Sind Sie Sigmund Freud persönlich begegnet?*

FW Ich war in Freuds Wohnung, um mich für ein Interview einzustellen, das Anna Freud für die Zulassung zur psychoanalytischen Ausbildung mit mir machen wollte. Ich muß Ihnen erzählen, daß dieses Wartezimmer ein kleines Kabinettl war mit recht schäbigen und sehr abgenützten Sitzmöbeln. Als sich meine Augen an das Halbdunkel gewöhnt hatten, sah ich nur zwölf oder vierzehn Ehrendoktorate an den Wänden hängen, das war der gesamte Schmuck, alle die Ehrendoktorate, die Freud bekommen hat, von verschiedenen sehr distinguierten Universitäten. Die waren eingerahmt in schwarze Rähmchen. Ich hatte mein Interview mit Anna, wurde zur psychoanalytischen Ausbildung zugelassen. Ich hab' sie dann in Boston, besonders unter Hanns Sachs, einem engen Mitarbeiter von Freud und einem Träger der berühmten Ringe, dieser sieben Ringe, weitergemacht bis zu Sachsens Tod, das war in den fünfziger Jahren. – Canetti? Ich hatte damals die Gelegenheit, wie andere junge Leute, in einer für die jungen Dichter bereitgestellten Spalte der ›Neuen Freien Presse‹ – das war so ungefähr das Analog zur ›Frankfurter Zeitung‹ in Österreich – zu schreiben. Es gab auch Gelegenheiten, wo man die jungen Dichter zusammengerufen hat, zu Kaffee und Vorträgen. Und bei der Gelegenheit traf ich auch Canetti; das war, glaube ich, gerade, nachdem die ›Blendung‹ herausgekommen war. Canetti war ein kleiner, zu der Zeit dicklich wirkender dunkelhaariger Mann mit einem runden Gesicht, ganz anders, als der Dichter jetzt ausschaut, der Nobelpreisträger. Es fiel auf, daß er freundlich, aber außerordentlich wortkarg war; ich dachte damals, hochmütig, aber ich glaub' nicht, daß er es war, ich glaub' eher, daß er scheu war und sich nicht übermäßig wohlgefühlt hat. – Wen kannte ich in Wien von den Analytikern? Da kannte ich Bibring, dann Sterba, der jetzt in Detroit seinen neunzigsten Geburtstag gefeiert hat.

MC *Nach Spannung zwischen Ihrer Öffentlichkeitsarbeit, Ihrer psychoanalytischen Arbeit also, und dem Schreiben in der Isolierung muß ich Sie dann gar nicht fragen?*

FW Freud schrieb einmal in einem Brief an Abraham, einen von ihm besonders geschätzten Psychoanalytiker, in den zwanziger Jahren gestorben, daß er die Anstrengung und die Selbstversagung der analytischen Arbeit erträgt, weil er etwas daraus machen kann, weil er darüber schreiben kann. Man hat ein ungeheures Erkenntnisinstrument. Man lebt in einem Laboratorium; wenn's beim ›Faust‹ heißt, »und sieht die Welt nur einen Feiertag«, so ist der Feiertag, wenn man mehr darüber nachdenkt und etwas schreibt. Aber daß man in sein Museum gebannt ist, das ist doch auch nicht so arg. Man kann nicht sagen, ah, jetzt schick' ich meinen Patienten weg und setz mich an die Schreibmaschine. Der Patient kommt zuerst; man lernt diese Disziplin ziemlich schnell. Es gibt mehrere Leute in unserer Zunft, die Gedichte veröffentlicht haben. Der letzte, an den ich mich erinnern kann, ist der vorzügliche Analytiker, ursprünglich ein Berliner, Dr. Keilson, der in Holland lebt und einen Band mit Gedichten veröffentlicht hat. Diese Doppelexistenz hat Charme; ich glaub' die beiden ergänzen sich eher.

MC *Jetzt frage ich einfach nach dem Schreibhandwerk und -werkzeug! Schreiben Sie mit der Hand oder mit Maschine? Benutzen Sie Computer?*

FW Ich kann nur sagen, daß ich seit mindestens zwei Jahren am Rande der Anschaffung eines Computers stehe und daß ich mich nicht recht trau', weil ich weiß, daß man mindestens eine Woche in Verzweiflung verbringt, bis man die verschiedenen Tricks gelernt hat. Viele von meinen bedeutendsten Kollegen verwenden längst den Computer und sind alle hochzufrieden. Wenn ich schreibe, doch am meisten auf einem Kniebrett, mit der Füllfeder und mit sehr vielen Versionen, die immer wieder in verschiedenen Formen korrigiert werden, bis ich schließlich diktiere. Mein Rat für Schreibende mit »Writing block«, also »Schreibhemmungen«, ist: anfangen und irgend etwas schreiben! Der Philosoph Nicolaus Cusanus, Frührenaissance, Spätmittelalter, schrieb von der Angst vor dem Nichts. Wenn ein paar tröstliche Zeilen auf dem Papier stehen, ist die Schlacht schon halb gewonnen. Irgend etwas hinkriegen, verbessern läßt sich's immer; nur das Nichts läßt sich nicht verbessern. Das Unsubstantielle, das sich noch nicht in Worten niedergeschlagen hat, ist das Rätsel.

MC *Dann gibt es zum Schreiben auch stimulierende Mittel, von harmlosen angefangen wie Tee, Kaffee, über Zigaretten bis zu Drogen, Psychopharmaka und Alkohol. Was halten Sie davon?*

FW Ich halte viel weniger davon als damals, wo man sich eingebildet hat, man müßte solche Dinge haben, wie in der Décadenceliteratur des vorigen Jahrhunderts den Absinth. Es ist viel besser, wenn man als Verlaine oder Rimbaud geboren wird; ob man dann Absinth trinkt oder nicht, ist recht gleichgültig. Früher hab' ich geraucht, beim Schreiben nicht. Ich hab' selten Alkohol verwendet, gelegentlich ein oder zwei Gläser Wein. Ich hab' viel Tee getrunken, das tu ich heute noch immer. Irgendein Stimulans braucht man, und es ist interessant, daß es oft etwas Orales ist, etwas, das mit dem Mund zu tun hat! Aus dem – wenigstens imaginär – die Wörtchen kommen, die man zu Papier bringen will, das Gesprochene. Vielleicht ist da doch ein Zusammenhang. Oder, daß man etwas von sich gibt und daher auch etwas in sich wieder aufnehmen muß. – Ich hab' etwas anderes, das mir wirklich notwendig ist, und das ist Musik! Es mag ein wenig barbarisch klingen, daß man Dingen zuhört im Geklapper der Schreibmaschine oder wenn die Gedanken sich um einen Gegenstand schließen, und das Musikstück weitertönen läßt. Es bietet einen Vorhang, einen kostbaren, mit dem man sich von der Welt abschließt. Und ich weiß ganz genau, wenn ich ein besonders schwieriges Stück durchzudenken hab' und mir etwas dabei vorspielen kann, das Ordnung und Sinn und Zusammenhang enthält – ›Das Wohltemperierte Klavier‹, ›Die Kunst der Fuge‹ –, dann scheint es mir wirklich zu helfen. Also, meine wirkliche Sucht ist Musik beim Schreiben.

MC *Das würde zur nächsten Frage übergehen, nach der Ritualbildung, wie Neumann boshaft über Elias Canetti geschrieben hat, er hätte immer zehn oder zwölf feingespitzte Bleistifte am Schreibtisch liegen haben müssen; mit den faulen Äpfeln Schillers will ich Sie verschonen. Gibt es dergleichen bei Ihnen auch?*

FW Das glaub' ich schon! Die Bemerkung über Canetti ist mir völlig verständlich. Man treibt etwas, was man psychoanalytisch Fetischismus nennt, die Besetzung von Objekten mit geheimen Kräften, erotischen Spannungen, die ihnen eigentlich gar nicht innewohnen. Man treibt wirklich Unfug mit verschiedenen Füllfedern, mit der Art von Schreibmaschine, mit der Einrichtung des Schreibtisches, wo man sitzt und wie man sitzt, wo man die Musik herbekommt; in dieser Hinsicht ist man schon abhängig! Ich glaube, wenn ich's einen Augenblick psychoanalytisch besprechen darf, das hat mit der von Ihnen erwähnten Angst zu tun. Man steht jetzt einer Probe gegenüber: wird es mir gelingen, die Worte dafür zu finden, werd' ich es formulieren können, werd' ich es transformieren können aus einem Zustand, der mir selbst kaum bekannt ist, wenigstens dem Unbewußten nahe, wenn nicht strikt unbewußt ist? Wird das gelingen? Das heißt aber auch, wenn man literarisch, wenn man künstlerisch schreibt, daß man unvermeidlich vielen verdrängten und gefährlichen Gedankengängen begegnen muß; daß man sich dem öffnet, hat auch mit der Angst zu tun. Und ich glaub', die Rituale und der Fetischismus haben alle den Zweck, das abzuwehren und einzugrenzen; die beschützen uns gegen den Bösen Blick, der allerdings aus unserem eigenen Selbst kommt.

MC *Herr Wyatt, was halten Sie vom Ausspruch Thomas Manns vom »Recht des Dichters, die Wirklichkeit zu benutzen«?*

FW Gott, man kann schwer etwas dagegen sagen, wenn's mit Verantwortung geschieht; ich glaub', es sollte niemandem unbedacht wehtun und schaden. Ich könnt' mir gut vorstellen, daß Strindbergs Zeitgenossen, vor allem seine Frauen und Freunde, sich gekränkt haben, wenn sie sich allzu deutlich in seinen Stücken wiedererkannten. Sonst würd' ich Thomas Mann vollkommen zustimmen, daß der Dichter das Recht hat, die Realität zu benützen, davon zu lernen, sie mitzuverarbeiten, auch sie umzugestalten.

MC *Gerade er hat ja umgestaltet, hat transformiert; und es ist vielleicht eine Mischung aus Koketterie und Bescheidenheit gewesen zu sagen, er könne nicht erfinden, nur finden. Er ist ja auf artifizielle Art mit Materialien – von der Zeitung bis zur Literatur anderer – umgegangen, um sie eigentlich seinem eigenen Transformationsprozeß einzuverleiben. – Nun möchte ich Sie abschließend fragen, zumal Sie von dieser »Verwandlung der Wirklichkeit« bis hin zur Fiktion sehr viel geschrieben haben: Wie halten Sie es mit Freuds »Ent-Stellung«, dieser Transformation, der Um-Stellung, die ja mehr ist, als »das Ich in Partial-Ichs zu zerlegen«?*

FW Daß wir alles umstellen, ist ein Prinzip, von dem wir ausgehen dürfen. Selbst außerordentlich enthüllende autobiographische Dokumente, die in unserer Zeit modern geworden sind, in denen scheinbar der letzte Schleier fällt und alles Unangenehme mitgeteilt wird, sind dennoch immer wieder Entstellungen. Irgendwo schreibt Gottfried Keller, ich glaube im ›Sinngedicht‹, von Biographien, wo einer einen

Doppelspiegel verwendet, um jedes Mal an seinem Rücken mitzuteilen, aber bestimmte Dinge seines Lebens aufs tiefste verschweigt, wo wer anderer Schurkereien berichtet, wie der berühmte Benvenuto Cellini, vor denen wir schaudern, wenn wir sie hören, aber dabei sehr sorgfältig verschweigt, daß er eine Warze auf der Nase hatte. – Die Übersetzung des Erlebten in *Form* ist eine Gestaltung und ist damit eine Ent-Stellung. Ich kann es nur so darstellen – und das ist eines der Geheimnisse der Kunst –, daß es in anderen wieder Erlebnisse hervorruft, die vielleicht zuletzt meinen eigenen ursprünglichen näher sind als das, was ich geschrieben hab'. Es geht also von einem Grunderlebnis zu einer entstellenden, aber auch gestaltenden und formulierenden Ausführung, die vielleicht, mit Glück, in anderen Erlebnisse hervorrufen wird, die ebenso originär und elementar sind, wie das Erlebnis war, aus dem das Kunstwerk entstanden ist. Ich kann also nicht genau sagen, ob das, was Keller erlebt hat, um den ›Pankraz‹ zu schreiben, das ist, was ich erlebe; aber ich weiß, daß die Novelle in mir grundsätzliche, primäre, elementare Erlebnisse hervorrufen kann. Und damit ist es genug.

MC *Dieser lange Prozeß schöpferischer Arbeit wird ja von ganz unterschiedlichen Wissenschaftlern auch in unterschiedlich viele Phasen zerlegt. Es gibt vor allem diese Viererzählung, die vier Phasen des Schöpferischen, dieser Arbeit des Unbewußten im Dunkeln: 1. Präparation, 2. Inkubation, 3. Inspiration, 4. Verifikation. Was könnten Sie dazu Modifizierendes oder Bestätigendes sagen?*

FW Ich glaube, diese Sequenzen sind eigentlich nicht wahr: Manchmal fallen uns die Beweise zuerst ein. T. S. Eliot, der bedeutende anglo-amerikanische Dichter, hat einmal bei einer solchen Befragung gesagt: Ja, manchmal fällt mir zu einem Gedicht nur ein: »tatatata tatatata«; und dann finde ich die Worte dazu. Er hat recht: manchmal fällt einem ein Rhythmus ein, und man sucht die Worte dazu. – Manchmal hat man eine Idee, die aber zunächst noch gar nicht in einer dichterischen Form ist. Oder man hat eine wunderschöne Metapher, aber man weiß nicht, wohin sie gehen soll, vorwärts und rückwärts. Ich glaube, daß es so ähnlich in der Wissenschaft ist: wir fangen manchmal mit der Konklusion an und arbeiten uns dann zurück, um sie vorzubereiten und einzuführen. – Also, diese Stadien mit der Inkubation und Inspiration entsprechen dem, was wir beide gesagt haben, daß viele lahme und faule Tage vergehen, in denen nichts zu geschehen scheint: das ist die Inkubation. Die Inspiration ist ganz verschieden. Manchmal ist es eine große Erleuchtung, und die versucht man einzufangen. Manchmal ist's eine Anzahl von kleinen Blitzen, wie wenn man ein Feuerzeug anzündet in der Dunkelheit oder ein Streichholz, nicht wahr, wie das kleine Mädchen mit den Streichhölzern bei Andersen, um sich warmzuhalten. Ich glaube, da gibt's ganz große Varietäten, und wir sollten uns nicht einbilden, daß der kreative Prozeß immer dieselbe Wegmeile abläuft.

MC *Zum Schluß die Frage zum Verhältnis Kunst und Leben. Sie erwähnten vorhin Rimbaud und Verlaine: diverse Décadence-Phasen gab es, wo man meinte, wild leben zu müssen. Von Thomas Mann hingegen sagten wir, daß er bewußt windstill gelebt habe. Die unterschiedlichsten Formen gibt es, wie bei anderen Leuten auch, bei den Dichtern. Rilke hat von der Psychoanalyse gefürchtet, daß sie mit den Teufeln auch »die Engel« austreiben würde, und wollte sie nicht. Er hat sich mit dem schöpferischen Prozeß beschäftigt und einmal gesagt: »Ein Dichter muß alles erlebt haben.« Und ein andermal: »Ein Dichter muß sein Leben zuwachsen lassen wie einen alten Weg.« Welchen Kommentar hätten Sie dazu?*

FW Etwas sollten wir doch am eigenen Leibe erlebt haben. Goethe war bekanntlich sehr daran interessiert, ob seine agrikulturellen Besitztümer prosperiert haben, ob die Ernte gut war, ob die Kühe genug Kälber gehabt haben. Ich find' es natürlich, daß man an anderen Dingen teilnimmt. Also diese Bestimmung: ich bin ein Dichter und nichts anderes, ist ein Irrtum, oder, um es lokal auszudrücken: es ist ein Schmäh! Die von sich sagen, ich bin ein Dichter, ich lebe der Dichtung, und daher muß ich mich behüten, daß mir das Leben nicht wehtut, das sind Leute, die auf jeden Fall Lebensangst haben. Es gibt Leute, die wirklich nicht viel Stimulation ertragen, weil sie sehr empfindsam sind, und die das Glück haben, daß sie in ihrem Innern durch ihre Phantasie das aufbauen können, was wirklich zu erleben sie zu empfindsam wären. Und es gibt andere, die sich den echten Wind um die echten Ohren sausen lassen. Ich hab' mehr Sympathie für die letzteren. Wahrscheinlich, weil es meinem eigenen Lebenslauf ähnlicher ist. Aber es gibt beide, und beide haben ihre Berechtigung.

Bibliographischer Nachweis der Textbeispiele

Wolfgang Koeppen, ›Jugend‹, Frankfurt am Main: Suhrkamp Verlag 1976, S. 11–12.

Anna Wimschneider, ›Herbstmilch‹, München: R. Piper GmbH & Co. KG 1984, S. 9. u. 11.

Maria Beig, ›Hermine – ein Tierleben‹, Sigmaringen: Jan Thorbecke Verlag, 2. Auflage 1984, S. 8–9.

Erich Fried, ›Kleine Störung‹, aus: ›Zur Zeit und Unzeit‹, Köln: Bund Verlag 1981, S. 123. – ›Glaube, Liebe und Hoffnung‹, aus: ›Um Klarheit. Gedichte gegen das Vergessen‹, Berlin: Verlag Klaus Wagenbach 1985, S. 74; ›Seestück‹, ebda., S. 17. – ›Kleines Beispiel‹, aus: ›Das Nahe suchen. Gedichte‹, Berlin: Verlag Klaus Wagenbach 1982, S. 9. – ›Ton‹, aus: ›Mitunter sogar Lachen. Zwischenfälle und Erinnerungen‹, Berlin: Verlag Klaus Wagenbach 1986, S. 116.

Nino Erné, ›Nachruf auf Othello‹, München: C. Bertelsmann 1976, S. 252–253. Der Abdruck geschieht mit freundlicher Genehmigung des Autors.

Wolfgang Bächler, ›Nüsse‹, aus: ›Ausbrechen. Gedichte aus 30 Jahren‹, Frankfurt am Main: S. Fischer Verlag 1976, S. 151. – ›Mein Baum‹, ebda., S. 189. – ›Im Schlaf. Traumprosa‹, Frankfurt am Main: S. Fischer Verlag 1988, S. 7.

Angelika Jakob, ›Die Lady und der Boy. Erzählungen von Hier und Dort‹, Eggingen: Edition Klaus Isele 1989, S. 5 u. 10 f.

Adolf Muschg, ›Der Turmhahn und andere Liebesgeschichten‹, Frankfurt am Main: Suhrkamp Verlag 1987, S. 15 f.

Julian Schutting, ›Reisefieber. Erzählungen‹, Salzburg: Residenz Verlag 1988, S. 7 f.

Hermann Burger, ›Die Künstliche Mutter. Roman‹, Frankfurt am Main: S. Fischer Verlag 1982, S. 64 f.

Peter Kurzeck, ›Kein Frühling. Roman‹, Basel / Frankfurt am Main: Verlag Stroemfeld / Roter Stern 1987, S. 246–247.

Anna Rheinsberg, ›HerzLos. Kerlsgeschichten‹, Frankfurt am Main: Luchterhand Literaturverlag 1988, S. 9–11.

Frederick Wyatt, ›Anwendung der Psychoanalyse auf die Literatur‹, in: ›Seminar Theorien der künstlerischen Produktivität‹, herausgegeben von Mechthild Curtius unter Mitarbeit von Ursula Böhmer, Frankfurt am Main: Suhrkamp Verlag 1976 (suhrkamp taschenbuch wissenschaft 166), S. 336.

Wir danken allen Verlagen für ihre Abdruckgenehmigung.

Literaturwissenschaft

Hartmut Böhme /
Nikolaus Tiling (Hg.)
Leben, um eine Form der Darstellung zu finden
Studien zum Werk Hubert Fichtes
Band 10831

Hermann Burger
Paul Celan
Auf der Suche nach der verlorenen Sprache
Band 6884

Michel Butor
Die Alchemie und ihre Sprache
Essays zur Kunst und Literatur. Band 10242

Mathieu Carrière
für eine Literatur des Krieges, Kleist
Band 10159

Victor Erlich
Russischer Formalismus
Band 6874

Käte Hamburger
Thomas Manns biblisches Werk
Band 6492

Frederik Hetmann
Traumgesicht und Zauberspur
Märchenforschung, Märchenkunde, Märchendiskussion
Band 2850

Jan Kott
Shakespeare heute
Band 10390

Leo Kreutzer
Literatur und Entwicklung
Studien zu einer Literatur der Ungleichzeitigkeit
Band 6899

Milan Kundera
Die Kunst des Romans
Essay. Band 6897

Theodore Lidz
Hamlets Feind
Mythos und Manie in Shakespeares Drama
Band 6881

Edgar Lohner
Passion und Intellekt
Die Lyrik Gottfried Benns
Band 6495

Fischer Taschenbuch Verlag

Literaturwissenschaft

Herman Meyer
Das Zitat in der Erzählkunst
Zur Geschichte und Poetik des europäischen Romans
Band 6883

Walter Müller-Seidel
Die Deportation des Menschen
Kafkas Erzählung »In der Strafkolonie« Im europäischen Kontext
Band 6885

Georges Poulet
Metamorphosen des Kreises in der Dichtung
Band 6879

Wolfgang Promies
Der Bürger und der Narr oder das Risiko der Phantasie
Sechs Kapitel über das Irrationale in der Literatur des Rationalismus
Band 6872

Marthe Robert
Das Alte im Neuen
Von Don Quichotte zu Franz Kafka
Band 7346
Einsam wie Franz Kafka
Band 6878

Viktor Šklovskij
Theorie der Prosa
Band 7339

Walter H. Sokel
Franz Kafka
Tragik und Ironie
Band 1790

Leo Spitzer
Texterklärungen
Aufsätze zur europäischen Literatur
Band 10082

Torsten Teichert
»Herzschlag außen«
Die poetische Konstruktion des Fremden und Eigenen im Werk Hubert Fichtes
Band 6875

Joachim Unseld
Franz Kafka
Ein Schriftstellerleben
Band 6493

Gisela von Wysocki
Peter Altenberg
Bilder und Geschichten des befreiten Lebens
Band 6457
Weiblichkeit und Modernität
Über Virginia Woolf
Band 6459

Materialien zu Leben, Werk und Wirkung zeitgenössischer Autoren

Thomas Beckermann (Hg.)
Hubert Fichte
Materialien zu Leben und Werk
Band 6497

Heiner Feldkamp (Hg.)
Reiner Kunze
Materialien zu Leben und Werk
Band 6877

Harro Kieser (Hg.)
Carl Zuckmayer
Materialien zu Leben und Werk
Band 6871

Samuel Moser (Hg.)
Ilse Aichinger
Materialien zu Leben und Werk
Band 6888

Hans-Rüdiger Schwab (Hg.)
Luise Rinser
Materialien zu Leben und Werk
Band 5973

Wilhelm von Sternburg (Hg.)
Arnold Zweig
Materialien zu Leben und Werk
Band 6876

Bettina von Wangenheim (Hg.)
Materialien zu Hilde Domin
Band 5769

Hundert Jahre
Neue Rundschau

Die *Neue Rundschau*, 1890 von Samuel Fischer gegründet, hat sich zu einer beispiellosen Chronik des kulturellen Lebens in unserem Jahrhundert entwickelt. Sie hat die wesentlichen intellektuellen Strömungen der Zeit wie ein Brennglas gesammelt und konzentriert.

In das zweite Jahrhundert ihres Bestehens startet die *Neue Rundschau* nun mit neuem Gewand und neuem redaktionellen Konzept. Die Zeitschrift wird künftig herausgegeben von Günther Busch und Uwe Wittstock, denen Elisabeth Ruge als Assistentin zur Seite steht. Die *Neue Rundschau* erscheint wie bislang vierteljährlich, allerdings nicht mehr in Form eines Taschenbuches, sondern in größerem Format, zeitgemäßer Typographie und klassischer Ausstattung.

Als ihre Aufgabe betrachtet es die *Neue Rundschau*, Zusammenhänge in unserem kulturellen Leben sichtbar zu machen oder herzustellen. In den Zeiten der »Neuen Unübersichtlichkeit« (Jürgen Habermas) auch im intellektuellen Betrieb geht nicht nur für den Leser, sondern oft genug auch für die Autoren der Überblick über die zentralen Entwicklungen der Literatur und der Theorie verloren: Das literarische Leben, das früher als vitaler geistiger Zusammenhang wahrgenommen und begriffen wurde, scheint gegenwärtig immer mehr in partikulare Interessen zu zerfallen. In dieser Situation will die *Neue Rundschau* wieder Verbindungen zwischen Kunst und Wissenschaft präsentieren, möchte sie die vom atemlosen Kulturbetrieb allzu leicht übersehenen Kontakte oder Kontroversen zwischen Dichtern und Denkern unserer Zeit ins Bewußtsein heben.

S. Fischer

fi 2001/1

Wolfgang Bächler

Ausbrechen
Gedichte aus 20 Jahren
Fischer Taschenbuch Band 5127

Die Erde bebt noch
Frühe Gedichte. 1942 bis 1957
Fischer Taschenbuch Band 9174

Ich ging deiner Lichtspur nach
Liebesgedichte
Fischer Bibliothek. 112 Seiten. Geb.

Im Schlaf
Traumprosa
224 Seiten. Geb.

Nachtleben
Gedichte
88 Seiten, Pp. und
Fischer Taschenbuch Band 5872

Stadtbesetzung
Prosa
204 Seiten, Geb. und
Fischer Taschenbuch Band 5069

Traumprotokolle
Ein Auskunftsbuch
Fischer Taschenbuch Band 2041

S. Fischer · Fischer Taschenbuch Verlag

fi 427 / 4

Hermann Burger

Blankenburg
Erzählungen. 181 Seiten. Leinen
S. Fischer und Fischer Taschenbuch
Band 9589

Diabelli
Erzählungen
Collection S. Fischer
Fischer Taschenbuch
Band 2309

Die Künstliche Mutter
Roman. 267 Seiten. Leinen
S. Fischer und
Fischer Taschenbuch
Band 5962

Die allmähliche Verfertigung der Idee beim Schreiben
Frankfurter
Poetik-Vorlesung
Collection S. Fischer
Fischer Taschenbuch
Band 2348

Ein Mann aus Wörtern
Collection S. Fischer
Fischer Taschenbuch
Band 2334

Kirchberger Idyllen
Collection S. Fischer
Fischer Taschenbuch Band 2314

Schilten
Roman. Fischer Taschenbuch
Band 2086

Band 2353

Die Wasserfallfinsternis von Badgastein und andere Erzählungen
Fischer Taschenbuch Band 9335

Tractatus logico-suicidalis
Über die Selbsttötung
195 Seiten. Leinen. S. Fischer

Paul Celan
Auf der Suche nach
der verlorenen Sprache
Fischer Taschenbuch Band 6884

S. Fischer

Erich Fried

Befreiung von der Flucht
Gedichte und Gegengedichte. Band 5864
In diesem Band kontrastiert Fried seine frühen »versponnenen und unengagierten Gedichte« (Fried) der Nachkriegszeit mit Gegengedichten von 1968.

Frühe Gedichte
Mit einem Vorwort des Autors. Band 9511
Die Gedichte dieser Sammlung erschienen zuerst 1944 und 1946 in London. Erich Fried schrieb damals als junger Flüchtling vor dem Nazi-Terror bildhafte Verse der Klage, der Rebellion und des Mitleidens.

Reich der Steine
Zyklische Gedichte. Band 5959
Das zentrale Thema ist auch hier bereits angeschlagen: Das Wort als Waffe gegen jegliche Verletzung der Menschlichkeit.

Ein Soldat und ein Mädchen
Roman. Band 5432
Neben Ilse Aichingers ›Die größere Hoffnung‹ ist Erich Frieds Roman wohl das wichtigste Dokument literarischer Geschichtsbewältigung der damals jungen, um ihre Jugend gebrachten österreichischen Generation.

Warngedichte
Band 2225
»Frieds ›Warngedichte‹ sind Angstgedichte. Wer solche Angst nicht kennt, solche Beklommenheit, vermag kein Dichter zu sein in einer Welt, in der Vergangenes auf uns zukommt, als sei es das Künftige.« DIE ZEIT